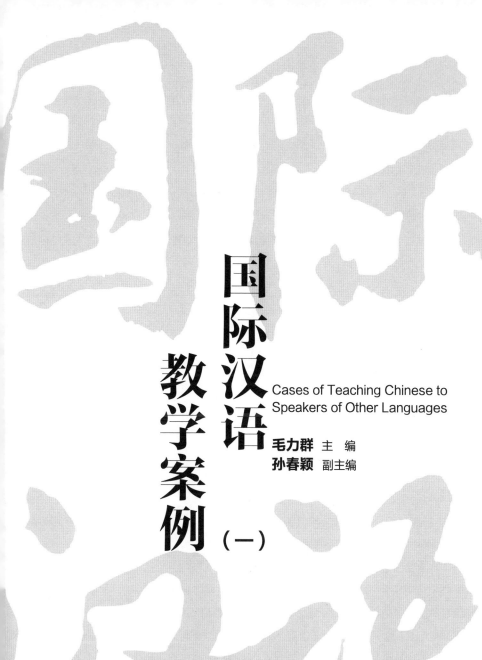

国际汉语
教学案例

Cases of Teaching Chinese to
Speakers of Other Languages

毛力群 主 编
孙春颖 副主编

（一）

浙江工商大学出版社 ｜杭州
ZHEJIANG GONGSHANG UNIVERSITY PRESS

图书在版编目(CIP)数据

国际汉语教学案例. 一 / 毛力群主编；孙春颖副主编. —杭州：浙江工商大学出版社，2022.7(2023.7 重印)

ISBN 978-7-5178-4989-6

Ⅰ.①国… Ⅱ.①毛… ②孙… Ⅲ.①汉语－对外汉语教学－教案(教育) Ⅳ.①H195.3

中国版本图书馆 CIP 数据核字(2022)第 097387 号

国际汉语教学案例（一）

GUOJI HANYU JIAOXUE ANLI (YI)

毛力群 主编　孙春颖 副主编

责任编辑	徐　凌
责任校对	何小玲
封面设计	浙信文化
责任印制	包建辉
出版发行	浙江工商大学出版社
	（杭州市教工路 198 号　邮政编码 310012）
	（E-mail:zjgsupress@163.com）
	（网址:http://www.zjgsupress.com）
	电话:0571－88904980,88831806(传真)
排　　版	杭州朝曦图文设计有限公司
印　　刷	杭州高腾印务有限公司
开　　本	880mm×1230mm　1/32
印　　张	7.75
字　　数	195 千
版 印 次	2022 年 7 月第 1 版　2023 年 7 月第 2 次印刷
书　　号	ISBN 978-7-5178-4989-6
定　　价	69.00 元

真情 真意 真知

（代序）

中国文化走出去，汉语加快走向世界，是增强我国文化软实力和国际竞争力、实现中华民族伟大复兴中国梦的国家战略，但汉语国际推广遭遇师资瓶颈。传统教育模式下培养的中文教师，实践性知识不足，尤其缺乏在海外复杂的教育环境中应对各种国际中文教育问题的能力。中文教师到海外"水土不服"成为汉语推广"三教"问题中最突出的问题。

中文教师赴海外教学遭遇"水土不服"，原因有三。

第一，国内派出的汉语教师志愿者，多数都是在校学生（研究生、本科生）或刚毕业的学生。他们从校门到校门，刚作为学生走出求学的课堂，就要作为教师走上授课的讲台，不要说教学经验，就连对课堂教学基本的认知都很缺乏。在这种情况下，要走得进课堂、站得稳讲台，着实不是一件容易的事情。

第二，新手教师尽管不少都是科班出身，学习过不少专业知识和理论，但是由于没有经过实践的历练，并不能准确理解知识和理论在教学工作中的实际价值，对理论把握的深度和应用的灵活性也多有局限。希望他们在教学中敏感地发现问题，深入地分析问题，有效地解决问题也真是勉为其难。

第三，国内外派的教师，不少是初出国门。海外复杂的自然环境、社会环境、文化环境和教育环境对他们来说都非常陌生。有的教师可能在国内曾经有汉语作为第二语言（学生在目的语环境中学习）的教学经验，却不了解在海外汉语作为外语（学生在自己的母语环境中学习）教学的特点；有的教师虽然有大学的教学经验，却并不熟悉中小学青少年学习者的脾性。"水土不服"就可想而知。

要突破师资瓶颈，克服"水土不服"，必须从教师培养环节寻求改变。

国际中文教育案例是在国际中文教育实践中真实发生的，含有问题或疑难情境或能够反映某一国际中文教育基本原理的典型事件。国际中文教育案例用于国际中文教师培养和培训，可以帮助国际中文教师熟悉国际中文教育环境、理解国际中文教育原理并掌握国际中文教育方法。

基于大量真实、典型案例的案例教学是一种以应用和实践见长的方法，在汉语教师培养方面具有重要作用。在汉语教师的培养和培训中，案例教学法通过具体的情境和教学中的疑难，引导学生分析、讨论，可达到理论和实践相结合的目的，可以有效提高汉语教师发现问题、解决问题、适应复杂教学情境的能力。开发案例库，大力推行案例教学，转变人才培养方式，是突破师资困境的关键举措，是培养适应汉语国际推广新形势需要的实践型国际中文教师、深化教育改革、服务国家战略的根本出路。

在目前国际中文教育案例资源还比较匮乏，案例教学才刚刚起步之际，浙江师范大学推出了这本《国际汉语教学案例（一）》，可谓正当其时。

一、在故事材料中了解中文教学真情

这本案例集呈现的 10 个案例充分体现了新时代国际中文教育的丰富性和复杂性。从中文教学的环境来说，既包括中国国内的汉语作为第二语言教学,又包括海外的汉语作为外语教学,还包括面向海外华人华侨的汉语作为继承语教学;中文教学的对象既有成年学习者,又有儿童、青少年学习者;教学场所覆盖了从幼儿园、小学、中学、大学到社区学校等各种类型;案例分布的地区包括意大利、捷克等欧洲国家,也包括莫桑比克、喀麦隆、坦桑尼亚等非洲国家。特别值得一提的是,10个案例有8个来自非洲,彰显了浙江师范大学作为非洲中文教育的开拓者在非洲研究、非洲孔子学院建设方面深耕广作取得的突出成就,让读者有机会通过生动的案例全面了解海外(特别是非洲)中文教学的真情实景,真切体会中文教育的困难、挑战与机遇。

案例集集纳广泛,内容丰富,用第一手材料全面展示了国际中文教育面向海外、面向中小学、面向"一带一路"和人类命运共同体建设的新时代特征。

二、在实情实景中体会中文教学真意

案例对实情实景描述的并不是随便讲个故事那么简单。从每一个案例中,我们都看到教学一线教师在各种各样教学难题面前对国际中文教学真意的孜孜以求。

外国学习者对中文汉字学习普遍具有畏难情绪。《字源教学法在汉字教学中的运用》讲述的是孔子学院的教师利用汉字造字理据帮助学生理解字形和字义、字音的关系,增加汉字学习的兴趣,根据汉字结构的规律,指导学生对汉字进行拆分与组装,形成正字意识,降低汉字学习难度的教学探索。"字源教学法"弥补了"随文识字"的不足。

《莫桑比克幼儿歌谣式汉语教学》面对的则是幼儿注意力不集中、学习兴趣不足等问题。案例详细记述了歌谣式汉语教学的课堂教学方法、评估方式和学习者的反馈,反映了歌谣式教学在语音、词汇、语法及文化等方面的特点与优势。

近年来,出现了不少新的汉语的外语教学法,不过如何在实践中将这些教学法所体现的教学观念真正落地,却非轻而易举之事。《捷克6—9年级学生主题式汉语兴趣课教学设计与实施——以"斯洛伐克在哪儿?"为例》和《坦桑尼亚中学汉语课堂的体验式教学设计》正是探索新教学方法的有益尝试。

三、在观察反思中探究中文教学真知

对教育者来说,教育是一个不断发现问题、分析问题、解决问题的过程;因此,案例就不只是对教育实践的简单记录,更是通过记录,对教育实践,尤其是教育实践中面对的种种疑难问题,展开深刻反思,探究国际中文教育的真知。

同样是文化问题,《面向华侨子女的"寓言故事"主题教学设计》面对的是海外华侨青少年的中国文化传承,而《蒙德拉内大学孔子学院第十八届大学生"汉语桥"选拔赛组织与实施》则对"汉语桥"比赛中遇到的一些问题进行了反思,发现优势,弥补不足,使孔子学院的中国文化传播活动形式愈加多样,内容愈加丰富。

案例集的作者还把教育者自己作为研究对象,采用案例研究方法分析预备教师的职业认同过程,考察新手汉语教师教学焦虑的特征和来源,以期为后来者提供可资借鉴的经验。

汉语国际教育硕士是面向国际中文教师职业的专业学位。国际化、复合型中文教师培养亟须通过丰富的案例资源让缺乏教学经验的学生全面了解海外汉语和中国文化教学第一线的真实情况;亟待实施以参与和移情为特征的案例教学,让学生迅速提高教学实战能力和环境适应能力,实现人才培养方式的

根本转变。本书全面展示了浙江师范大学案例教学、案例研究的成果，也为汉语国际教育硕士专业学位研究生教育和国际中文教师培养提供了一个范例。

叶 军

华东师范大学国际汉语文化学院

2021 年 4 月

目　录

莫桑比克幼儿歌谣式汉语教学

毛力群　林诗茹 *

摘　要：汉语在莫桑比克越来越受欢迎，汉语教育也逐渐向低龄化方向发展。如何选择合适的教学方法以提高低龄汉语学习者的学习效果已成为汉语教学中亟待解决的新问题。在幼儿汉语教学实践中，存在一些普遍问题，诸如：幼儿学习汉语的兴趣不高；上课注意力不集中导致汉语记忆难；汉语课堂纪律很难有效维持；等等。为此，L 老师在幼儿汉语课堂引入了"歌谣式教学"，通过课堂观察、考试评估和学生访谈反馈，分析歌谣式教学在教授汉语语音、词汇、语法和相关文化知识（古诗）4 个方面所具有的优势。

关键词：歌谣式教学；莫桑比克；幼儿汉语教学

Teaching Chinese to Pre-school Children
in Mozambique Through Ballads

Abstract：The Chinese language is increasingly popular in Mozambique with the result that Chinese language education is gradually expanding to include younger students. How to select appropriate teaching methods to improve learning outcomes for

* 作者简介：毛力群，女，浙江义乌人，浙江师范大学国际文化与教育学院教授，博士生导师，文学博士。林诗茹，女，浙江台州人，浙江师范大学国际文化与教育学院 2017 级硕士研究生。

younger Chinese language students has emerged as a new problem in urgent need of attention. There are some problems commonly encountered when teaching younger children Chinese: their interest in learning the language is low; they have difficulty remembering Chinese because they are inattentive in class; it is hard to maintain classroom discipline and the like. To address these problems, Teacher L introduced "teaching through ballads" into a Chinese language class for preschoolers. Through classroom observation, test evaluations, and feedback from student interviews, L analyzed the benefits of teaching through ballads in four areas of Chinese pedagogy: pronunciation, vocabulary, grammar, and cultural knowledge (like ancient poetry).

Key words: Teaching through Ballads; Mozambique; Teaching Chinese to preschool children

背景信息

莫桑比克的语言政策明确把葡萄牙语(Portuguese)定为官方语言,而班图语(Bantu language)则是通用语言。汉语在莫桑比克只能算作一种外语,并且,当地学习汉语的儿童和青少年也大部分集中于马普托(Maputo)和贝拉(Beira)这两个城市。目前,汉语也尚未进入莫桑比克的国民教育体系。这也就意味着,在当地,几乎没有公立学校设立汉语课程;而一些私立学校和国际学校,通常会把汉语作为一门兴趣课或选修课来开设。

低龄汉语学习者数量更少。据了解,截至目前,只有 Z 校的幼儿园面向幼儿群体开设了汉语课程。Z 校是一所新成立的国际学校,教学相关配套基础设施建设还处于起步阶段,硬件设施还不够完善,教室里没有多媒体教学设备,只有质量较差的黑板和粉笔,如想要展示图片或播放视频,就全靠汉语教师自己制作并打印图片或自带设备,全能出场,这在很大程度上限制了现代化教学手段的应用和发挥。该校生源背景复杂,其中有不会讲汉语的华裔子弟,有印巴人子女,有欧洲人与当地人的混血儿,还有当地人。该校的幼儿园仅设了 1 个班级(下文称为"幼儿班"),该班共有 8 名学生,学生的年龄为 4—6 岁。

该校的汉语教师主要是孔子学院汉语教师志愿者,L 老师担任幼儿班的汉语教师,她的汉语课程被安排在每周一至周五 14:00—15:30,汉语课程内容很丰富,涵盖了中文课、阅读课、美术课、音乐课、书法课和武术课,旨在促进学生德、智、体、美、劳全面发展,尽可能地多了解中国文化。目前,Z 校沿用的是剑桥教学体系,但其整体发展上又必须得到莫桑比克国民教育体系的允准和支持,该校语言课程以葡萄牙语和英语为主。虽然汉语是这所学校主打的招生招牌,但汉语并不是必修课,只是一门兴趣课,在教学地位上仍不及葡萄牙语和英语这样的传统课程。Z 校在汉语教学方面还处于探索阶段,也正努力寻找适合低龄汉语学习者的汉语教学新模式。由此可见,目前,汉语在莫桑比克低龄人群教育中的地位并不高,面向幼儿以及儿童的汉语教学还很不成熟,但从发展的整体趋势看,幼儿汉语教育在未来仍有很大的发展空间。

L 老师是一位新手型汉语教师。在 Z 校任教期间,通过与学生的长期广泛接触,L 老师敏锐地发现,大多数学生性格开朗,活泼好动,尤其喜欢唱歌跳舞。渐渐地,L 老师有了一个大胆的想法:把教授歌谣的方法引入面向幼儿的汉语教学(本文均简称"歌谣式汉语教学"）。而且,在理论层面,美国心理学家霍德华·加德纳（Howard Gardner）的多元智能理论、美国心理学家爱德华·李·桑代克（Edward Lee Thorndike）的联结主义心理学理论和瑞士儿童心理学家、认知心理学家让·皮亚杰（Jean Piaget）的儿童认知发展理论等均印证了歌谣式教学能充分调动孩子的语言、音乐、肢体运作、人际、内省等智能,采用唱歌谣和观看视频的形式能很好地刺激并强化低龄群体对汉语语音、词汇及句型之间联系的建构,进一步提高这一特殊群体的学习和认知能力。另外,当地人对音乐节奏非常敏感,因此,L老师把歌谣式汉语教学引入当地幼儿汉语课堂,也可以说是因地制宜、因材施教了。

案例正文

一、歌谣式汉语语音教学

2018年8月30日,L老师在莫桑比克Z校任教的第三周,开始把歌谣式汉语教学引入汉语教学。众所周知,汉语语音是学习汉语的基础,语音教学主要是声母、韵母和声调的教学以及拼音认读教学。歌谣式汉语语音教学的流程主要包括:带读讲解→歌谣展示→歌谣教唱→结合歌谣背歌词→课堂小游戏→表演→随堂测试。在教唱和背歌词的环节之后,L老师补充了一些课堂小游戏,可以在加深学生对语音记忆的同时,提升汉语课堂的趣味性。

本案例以《数字歌》为例,介绍L老师对歌谣式汉语语音教学在幼儿汉语课堂上的应用。

（一）教学设计

1.教学对象

莫桑比克Z校幼儿班

2.教学时长

2 课时,共 90 分钟

3.教学内容

《数字歌》(曲调选自网络)

歌词内容:一二三,三二一,一二三四五六七。二三四,四三二,四五六七八九十。

4.教学目标

(1)通过学习,学生能够掌握并分辨阿拉伯数字 1—10 的汉语普通话读音。

(2)通过课堂操练,学生能够根据读音自行判断相应数字代表的实际数量,最后达到清晰、流利地诵唱《数字歌》的目标。

5.教具

数字卡片和相应练习材料。

(二)教学实录

一个平常的下午,孩子们和往常一样午睡刚醒,睡眼惺忪,甚是可爱。看到 L 老师走进教室后,也只是眼睛半睁半闭地说了一句"老师好"。这是 L 老师第二次用歌谣式汉语教学给学生上课了。

在和学生们进行了简单的课前问候之后,L 老师播放了上节课学的《你好再见歌》,歌词内容是:"你好,你好,你好吗?早上好,早上好!你好,你好,你好吗?晚上好,晚上好!再见,再见,再见,明天见,明天见!再见,再见,再见,明天再见!"

顿时,学生的热情一下子被调动起来。眼看着孩子们困意渐退,L 老师开始了这次的新课教学。

L 老师首先展示了事先准备好的数字卡片,分别带读每个数字,学生则有序跟读(跟读先采用"N＋1"的游戏方式,即 L

老师读 1 遍,学生要读 2 遍;L 老师读 2 遍,学生则要读 3 遍),目的是让学生大致了解数字发音。

在学完各数字的汉语发音之后,再采用游戏的方式,让学生仔细听老师说出的数字,要求学生重复自己听到的数字,并且要按该数字代表的数值确定要读的次数,如:老师说出数字 3,则学生需要读出该数字,并要读 3 遍,其他数字以此类推。目的是让学生加深对数字汉语发音的记忆。有趣的是,学生在数着数字的同时,也会不自觉地观察别的同学,生怕自己数错了。

在学生熟悉了数字汉语发音以后,歌谣式汉语教学正式开始!

(L 老师在黑板上书写歌词的拼音)

L 老师先示范歌谣:"一二三,三二一,一二三四五六七;二三四,四三二,四五六七八九十。"考虑到当地人偏爱有节奏感的音乐,L 老师边唱边用手打节拍,很快就吸引了孩子们的注意力。

该阶段的教学步骤是:

1.根据板书内容,教唱《数字歌》,先是一句一句地教,每句先跟唱几遍,再让学生自己来唱。

2.反复教唱,教完上半句,以男生女生小组的形式来演唱,再教下半句。

3.组织小组形式的汇演。对唱得好的学生有盖章的奖励。

这一轮结束后,L 老师开始打节拍,再让学生尝试看着黑板上的拼音自己唱,要求每次重复唱 3 遍。

接着,是一个叫作"演唱接龙"的游戏,主要内容是:大家一起打节拍,每个人轮流唱《数字歌》,第一个人唱完 1 遍后,第二个就要马上接上去唱第 2 遍,8 个人依次唱完算作一轮。如果学生唱得熟练了,则可以适当加快速度,目的是看谁能够唱得又快又准。这一轮中,L老师对每个唱得好的学生都会有盖章的奖励。

上述教学阶段完成后,L老师组织学生们开展了一个叫作"爱的抱抱"游戏:班上有 8 名学生,加上老师,一共 9 人,老师随机说出 1—9 中的任意数字,该数字代表要"抱"在一起的人数,要求学生在听到具体数字后,要立即寻找其他同伴抱在一起组成相应数字代表的数量。其实,该游戏需要教师多示范几遍以后,学生才能明白,但孩子们表示很喜欢这样的游戏。有几个孩子一直在对 L 老师说:"老师,我就喜欢一直抱着你。"

在所有的教学和游戏环节都完成后,L老师给学生进行了一个随堂小测试:给学生每人发了一份数数练习,一共 8 道题,要求学生在括号里写出数字,并口头正确表达,如表 1 所示。测试结束后,这一堂充满欢乐的课就结束了。

表 1　《数字歌》随堂测试

(三)教学分析

数字教学在汉语教学中非常重要,因为日后要学的日期和时间表达等都与数字有关,所以,让学生记住数字的汉语普通话读音特别重要。

在复习环节,L 老师带着学生复习了《你好再见歌》,调动了学生的学习热情,所以学生在新课的学习中状态良好。《数字歌》的旋律较快,很有节奏。通过用手打节拍,增强学生参与课堂的积极性,吸引学生学习的注意力。这首歌里有很多语音、词汇上的重复,通过不断重复来加深学生对具体数字汉语发音的记忆,利用歌谣的曲调,帮助学生记忆汉字的声调。在"演唱接龙"环节,每个学生都要唱一遍《数字歌》,每个学生虽然自己只唱了 1 遍,但同时也听了别的同学唱了 7 遍,如此也能加大语音的输入量,能不断发挥学生的"内省智能"(Intrapersonal Intelligence),这是一个锻炼听力和数字记忆能力的过程,而且,随着操练的次数增加,学生的熟练度越来越高,唱得越来越快,课堂氛围也越来越活跃。"爱的抱抱"游戏则能锻炼学生的"数学-逻辑智能"(Logical-Mathematical Intelligence),让学生通过听音辨音,加强对汉语数字音义联系重现式建构,最大程度地发挥多元智能理论(Theory of Multiple Intelligences)中的音乐、语言、数学逻辑等方面的智能因素。

最后的随堂小测试反馈的结果比较理想,测试题中的图片能让学生很直观地认出数字。从图 1 可以看出,8 个学生中有 3 个学生能将数字脱口而出,另外 3 个学生则需要通过唱歌来让他们回忆,75%的学生通过歌谣式汉语教学掌握了语音,还有 2 个学生虽然能通过汉语发音辨别相应数字,但还没有完全掌握好汉语发音。

实践证明,通过这样的教学,大部分学生完成了 L 老师设定的教学目标。可见,如组织得当,歌谣式汉语教学在语音教学方面可以有不错的效果。

低龄汉语学习者正处于爱玩爱闹的成长阶段,从理论上讲,汉语教师通过歌谣式教学,不管是在初级阶段汉语拼音教

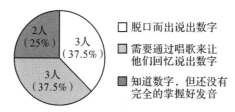

图 1　说出数字的人数情况图表

学上,还是在汉语语音知识的系统教学层面,都能较好地活跃课堂氛围,让学习者对汉语学习充满热情,对汉语课堂保持相对持久的注意力。同时,歌谣也在无形中消解了学习者学习汉语时的畏难情绪,突出体现为学生在课堂上的较高积极性和专注度。但是,尽管课堂反馈情况良好,我们仍应该注意到学生的个体差异——不同的学生所能接受汉语语音的输入质量和数量存在显著差异,这体现在学生对新知识吸收和内化的进度上,尤其是在小班教学的环境中,这种差异是显而易见的。此外,在教学材料上,歌谣本身带有曲调,而曲调很难和汉字的字调一一对应,所以,有可能在一定程度上会影响到学生声调的学习。

总体来看,歌谣式教学在低龄汉语学习者的语音教学上能够发挥重要作用!

二、歌谣式汉语词汇教学

Z校正在使用的汉语教材是《美猴王汉语(少儿版)》,其内容以汉语词汇教学为主,词汇教学本身就是汉语"教"与"学"互动过程中的重点,而其中的名词是低龄汉语学习者的学习重点。引入歌谣式教学的词汇教学(简称歌谣式词汇教学)的具体过程是:带读讲解→歌谣展示→歌谣教唱→结合歌谣背歌词→表演→游戏回忆→随堂测试。受全身反应法的启发,L老师以多元智能理论为理论基础,为歌谣教学配置简单的舞蹈动作,促进学生多种智能因素的均衡发展。

接下来,本案例将介绍由 L 老师组织实施的,以《食物歌》为例开展的歌谣式汉语词汇教学。

这首歌谣中的汉语词汇都是十分常见的几种食物名称。这次,L 老师选用了经典歌曲《夜上海》的旋律,将几种食物的名称整合在一起,并稍微添加了一些动词。在教唱《食物歌》时结合肢体动作,以方便学生理解。通过反复练唱《食物歌》,教师辅以图片展示,让学生将具体食物及其名称同汉语发音联系起来记忆。配以游戏的形式,让学生在轻松又充满竞争的氛围中巩固本课所学词汇。

(一)教学设计

1.教学对象

莫桑比克 Z 校幼儿汉语班

2.教学时长

2 课时,共 90 分钟

3.教学内容

《食物歌》(配以《夜上海》的曲调)

歌词内容:汉堡包,汉堡包,牛排、米饭和面条。我喝汤,吃鸡肉,全吃光光!

4.教学目标

(1)通过《食物歌》的唱练,熟悉并掌握食物词的正确读音与意义。

(2)在熟练掌握词汇音义联系的基础上,完成随堂练习。

5.教具

打印好的彩色食物图片,提前制作好的随堂测试卷。

(二)教学实录

那天下午,L老师刚到教室,学生们已经在教室里坐好等L老师了,他们一见到L老师来了,就马上跑过来,兴冲冲地对L老师说"老师好!"还给L老师展示上次课教过的《身体歌》。L老师和孩子们进行了简单的课前问候,然后就开始了新课的教学。

L老师先一一展示了每张图片,并对所有食物名称逐一带读,学生仍遵循"N+1"的规则跟读,直到孩子们基本掌握了所有的汉语词汇。

L老师按歌词的顺序,首先在黑板上把相对应的图片贴好,并在图片下面写上汉字和拼音。接着,由L老师示范唱出《食物歌》,同时,辅以手部动作,通过歌曲和舞蹈吸引学生的注意力,引导全体学生参与其中。有趣的是,当老师唱到最后的"全吃光光"一句时,学生被老师"摸肚子"的动作逗笑,整个课堂的欢乐气氛顿时被点燃。

接着,L老师开始正式教唱《食物歌》。"汉堡包、汉堡包,牛排、米饭和面条。我喝汤,吃鸡肉,全吃光光!"孩子们跟着老师一句又一句,兴趣盎然!

同时,L老师引导学生在学唱环节一起表演动作,开始唱的时候,L老师指着黑板上的图片和拼音,引导学生边唱边记忆,目的在于将歌词中的词汇与相应的食物图片联系起来。

然后是展示环节。L老师先请学生集体展示,再让学生进行个人表演,给每个表演的学生盖章奖励。每个学生的表演欲望都很强,争先恐后地想要表演,甚至在别的学生表演的时候也跟着唱。

表演结束,L老师请学生依次认读贴在黑板上的食物图片,根据图片说出汉语词,再让个别学生回答问题,老师随机指

定图片,引导学生说出对应的汉语词,别的学生听他说,判断
对错。

认读完毕,L老师组织全体学生进入游戏环节,本次游戏
名称为"冰山一角",具体实施步骤为:由老师拿出一张图片,但
只露出一个角,让学生说出图片食物的名字,看谁说得又对又
快。老师给回答次数最多的学生盖章奖励。学生们看到一些
简单的词,比如"汉堡包",就会脱口而出,如果碰到一些难一点
的词语,比如"牛排",他们就掰着手指头数着刚学过的歌词,然
后再告诉L老师答案。整个课堂气氛十分活跃。

游戏过后,L老师进行了一个简单的随堂听力小测试:根
据老师说的词语,判断图片的对错,如表2所示。

表2　《食物歌》随堂测试

序号	图片	答案	序号	图片	答案
1			4		
2			5		
3			6		

(三)教学分析

在带读环节,学生对展示的这些食物图片很熟悉,所以注
意力比较集中,都跟着老师认真读。另外,由于这些词语都是学
生们比较喜欢并且能经常用到的词,而且,他们都很喜欢这首歌
的曲调,所以,他们能在短时间里快速地哼唱并学会这首歌谣。

　　"牛排、米饭和面条"这句歌词包含了 3 个词语,学生在最初学习时,很难掌握每个词语的正确发音,甚至有时候还会忘词。经过一段时间的反复练习,增加重现次数,学生最终能够掌握,而且能说得非常顺畅。最后一句"全吃光光"是学生们最喜欢哼唱和表演的,因为在唱这句歌词的时候,要做的动作是揉揉自己圆鼓鼓的肚子,他们觉得这样的动作有趣又可爱。值得注意的是,学生们学唱这首《食物歌》时,参与度很高,每个孩子都有着极强的表现欲,争相向老师汇报自己的学习成果,所以,整个课堂的学习氛围十分融洽,在很大程度上发挥了多元智能理论中的音乐、语言、身体运动方面的智能。在认读图片环节,当学生想不出对应的汉语词语时,他们就条件反射式地掰着手指头唱着歌谣来找对应的汉语词,一旦找到,他们就会大声地说出来,可真是童真无邪呀!

　　最后是游戏"冰山一角"环节、L 老师想充分激励学生发挥自己的想象,还原整幅图片,并说出相应的汉语词语,通过竞赛的形式刺激学生,也能加深他们对这些词语的记忆。最后的随堂小测试结果(见图 2)很不错,全班 8 个学生中,平均正确率高达 87%,其中第 1 题和第 4 题的正确率达到了 100%。通过课堂表现和随堂测试可以看出,学生基本能掌握本课所有词汇,基本完成了 L 老师设定的教学目标。

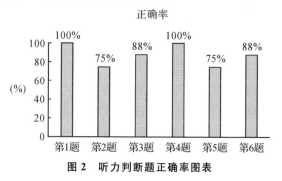

图 2　听力判断题正确率图表

对低龄汉语学习者来说，语言学习就是要让他们多听多说，通过一些富有趣味的教学方式、方法激起学生对汉语学习的兴趣。L老师通过歌谣式教学，利用脍炙人口的旋律和朗朗上口的歌词，让学生多多开口练习，多手段、多角度增加词汇的复现率，不断加深学生对新词语的记忆，启发学生自主建构汉语词语形音义之间的联系。同时，由于学生年龄小，上课注意力集中的时间相对较短，所以，通过集体学习舞蹈和歌谣的形式，能够让他们把语言、音乐和身体运动这三方面的智能因素结合起来，让每个学生都有参与感，有利于提高他们学习汉语的积极性。课堂表演形式多样，有集体表演、男女生分组表演、个人表演等多种形式，促进了学生之间的竞争与合作，课堂氛围整体轻松愉快，学生们也愿意在课堂上展现自己的最佳状态，这有利于引导学生从小塑造一种乐观积极、富有集体荣誉感的性格。

三、歌谣式汉语语法教学

尽管语法教学在教材里不曾提及，但L老师认为，学生在学习汉语词汇的同时，应该相应地学习一些简单的汉语语法，用于日常表达。理论上，基于桑代克的联结主义心理学，即在歌谣中增加特定语言点的复现率，通过操练，实现学生对该语言点的模式固化，当再次受到相应的语音刺激时，学习者就能对其用法和意义唤起联想记忆。因此，L老师尝试把歌谣式教学引入汉语语法教学（以下简称"歌谣式语法教学"）。

歌谣式汉语语法教学的具体过程主要包括：复习巩固→歌谣展示→歌谣教唱→结合歌谣背歌词→表演→歌谣二次创作→随堂测试。

L老师发现，4—6岁学生已经逐渐开始有自己的主见了。

L老师想通过"喜欢"这一心理动词的教学,让学生能运用汉语句子对自己的喜好进行表达。下文所选教学实例的时间是在学期后半段进行的,此时,学生已经掌握了不少汉语词汇,已能对名词部分进行替换表达。

(一)教学设计

1.教学对象

莫桑比克Z校幼儿汉语班

2.教学时长

2课时,共90分钟

3.教学内容

《颜色歌》(曲调选自歌曲《大海》)

歌词内容:红色啊红色,我们喜欢红色;白色啊白色,我们喜欢白色;黑色啊黑色,我们喜欢黑色;黄色啊黄色,我们喜欢黄色;蓝色啊蓝色,我们喜欢蓝色;绿色啊绿色,我们喜欢绿色。

4.教学目标

(1)通过《颜色歌》的学习,理解并掌握汉语动词"喜欢"的用法。

(2)基于对《颜色歌》中汉语词语的熟练掌握,学会使用"喜欢"自行造句并进行表达。

5.教具

涂有颜色的汉字图片、水果图片、动物图片;随堂测试的练习。

(二)教学实录

又是一个简单又平常的下午,L老师来到了教室,学生一如既往地已经在教室里,由生活老师照看着。见L老师来了,孩子们纷纷跑过来，"老师，老师"地叫着。L老师和他们进行短暂的问候过后，开始汉语课。

首先，L老师带着学生们复习了颜色词。

然后，展示带颜色的汉字图片，问学生："这是什么颜色？"学生回答出相应的颜色。短暂复习后，便开始了新一轮的歌谣教学。

还是老师先示范歌曲，学生听。每唱到一种颜色，老师就拿起相对应的颜色词卡，让学生有直观的理解。唱完之后，L老师在黑板上写下"喜欢"这两个字及拼音，并向学生们解释"喜欢"的词义："喜欢"在葡萄牙语里就是"Gostar"。

等学生明白了以后，L老师又唱了一遍《颜色歌》，以达到让学生整体理解的目的："红色啊红色，我们喜欢红色；白色啊白色，我们喜欢白色；黑色啊黑色，我们喜欢黑色；黄色啊黄色，我们喜欢黄色；蓝色啊蓝色，我们喜欢蓝色；绿色啊绿色，我们喜欢绿色。"听过2遍之后的孩子大概了解了歌曲的曲调，L老师就开始带领学生一起来唱《颜色歌》，一句一句地进行教学，唱的时候，手上还要做"比爱心"的手势（学生们都知道"比爱心"是喜欢的意思）。教唱结束后，L老师将颜色词都贴在黑板上，先让学生按顺序唱，唱2遍。对第一个能把整首歌唱下来的小朋友予以盖章奖励。然后让学生们看着老师，老师指哪个颜色，学生就要唱出对应的那句话。对唱得最快又对的学生，奖励一个章。

带学生复习一遍"动物词、水果词"。展示动物和水果的图片，让学生说出对应的汉语。接着就开始歌谣的二次创作——替换练习：老师示范"苹果啊苹果，我们喜欢苹果。……大象啊大象，L老师喜欢大象"。L老师示范了几次，开始引导学生做词语替换练习。

在学会替换表达之后，L老师带学生玩了一个"站队表白"

的游戏:在黑板上贴四张同一类型词的图片,图片内容包括了水果词、动物词和颜色词三类。接着,让学生选出自己喜欢的那一个,然后站在那个图片下面,并用"我/我们喜欢……"的句型来练习,游戏通过老师示范来向学生讲解游戏规则,先让学生试玩两轮,学生就能明白怎么玩,老师在学生表达句子时做适当的引导。结果,很多学生都是同时喜欢多张图片,之后,他们就会站到"长颈鹿"的图片下说"我喜欢长颈鹿",然后又站到"猴子"图片下说"我喜欢猴子",一个个表现得特别开心。这一环节的教学目的就是让学生会用特定的语言点进行表达练习,学生说得越多越好。

在课堂结尾,L老师给学生们做了一个随堂小测试(见表3):给每个学生发一份练习,上面有3组图片,让学生圈出自己喜欢的那张,每组图片选2张,用"我喜欢……"来造句(口语表达)。

表3　《颜色歌》随堂测试

(三)教学分析

"喜欢"这一语言点在《美猴王汉语》(1B)的教材里是没有的,这是L老师在教颜色词时发现学生画画的时候会根据自己的喜好来上色，因此，L老师决定教"喜欢"这个语言点。

在复习环节，学生基本掌握了颜色词的读音。向学生解释汉语"喜欢"一词在葡萄牙语中的对应词义，并在唱歌的时候搭配"比爱心"动作，学生就更容易理解句子的含义了。L老师选取的歌谣旋律比较舒缓悠扬，可以让学生较为安静地坐在座位上，有利于L老师的课堂管理。由于曲调非常简单，学生很快就掌握了这首歌，而且，所涉及的句型都是相同的，也能加深学生对"喜欢"这个词语的印象，方便学生记忆。L老师先让学生全面熟悉了这首歌，再让其进行词汇替换练习，然后对歌谣进行二次创作，替换的内容都是学生之前学过的词语，这就帮学生再次复习并巩固了旧知识。

"站队表白"的游戏是想让学生在课上可以站起来动动，缓解课堂上可能产生的紧张、烦闷等心理，给他们机会，让他们选择自己喜欢的东西，这样可以激起他们的学习热情，更加主动地说出句子，提高口语表达能力，但因为在歌谣里唱的都是"我们……"，所以当只有一个人站队时，学生也会不自觉地说"我们……"，这时L老师就纠正他们要说"我……"。除了这一点，学生的口语表达基本合格，课堂表现都很不错。

最后的随堂小测试共有3组内容，学生可以根据自己的喜好，选用"喜欢"说出句子，如图3所示，共6个句子。其中，有3位学生能全部用对，1位学生用错了一句，3位学生错了两句，1位学生只用对了半句。总体来看，学生对"喜欢"一词的掌握情况良好，基本会用"喜欢"进行表达了，只是个别学生还不能对"喜欢"进行熟练运用，如图3所示。

每次的语法教学都是在学生基本掌握该课词汇的基础上进行的，把已学过的词汇放入相应句型中，通过歌谣提高词汇和句型的复现率，加深学生对特定句型的记忆。通过替换练

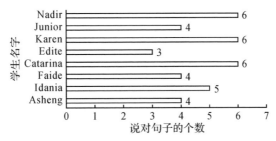

图3　"喜欢"造句正确数量

习,对原歌谣进行二次创作,不但让学生回顾了之前学过的词汇,还让学生创作出更多更容易表达的句子,提高了学生的口语表达能力。

随堂小测试的结果显示,歌谣式教学在学生学习语法方面发挥了一定的作用,通过多元智能理论,将音乐和语言联系起来,用音乐的韵律形式让学生更容易接受语言点,更重要的是,歌谣可实现语言点的多次复现,又不至于枯燥乏味,有效地加深了学生们对特定汉语句型的记忆。

四、歌谣式中国文化教学

古诗作为中国文化不可或缺的一部分,经过历史的沉淀,在中国文学中占据着重要地位。在中国,很多古诗是作为中国幼儿启蒙内容的,L老师从小也受到古诗熏陶,也希望让Z校的这些小朋友感受到古诗的魅力,因此L老师做了几次古诗教学尝试。

中国古人常常会吟咏诗歌,比如《诗经》、唐诗、宋词等等。古诗本身就讲究平仄相对,句式押韵,音律上讲求声律美,这更是极大地增强了诗歌的音乐感,使汉语诗歌成为语言艺术形式中音乐美的典型体现。L老师根据实际教学情况,选取了乐府诗《敕勒歌》和五言诗《咏鹅》《登鹳雀楼》进行歌谣式古诗教学。下面以乐府诗《敕勒歌》的歌谣式教学为例,对歌谣式古诗教学进行效果分析。

关于古诗教学，最重要的还是让学生感受中国文化。基于多元智能理论，L 老师通过歌舞的形式，希望能拉近学生和古诗之间的距离，让学生更加主动地去学习。由于《敕勒歌》这首诗歌的画面感很强，基于桑代克的联结主义心理学理论，L 老师决定依靠视频画面，辅以葡萄牙语翻译，帮助学生更好地理解古诗的内容，实现对古诗字面含义的基本理解。L 老师在教学过程中融入了歌舞的形式，让学生感受到古诗里蕴含的欢乐之情。本课的教学步骤主要包括：复习巩固→歌谣展示→歌谣教唱讲解→结合歌谣背歌词→表演→随堂测试。

《敕勒歌》选自《乐府诗集》，是南北朝时期流传下来的一首民歌，抒发了敕勒人热爱家乡、热爱生活的思想感情。下面是L 老师本次课的教学概况。

（一）教学设计

1.对象

莫桑比克 Z 校幼儿汉语班

2.教学时长

2 课时，共 90 分钟

3.教学内容

《敕勒歌》古诗教学（歌曲《敕勒歌》）

古诗内容：

敕勒川，阴山下。天似穹庐，笼盖四野。

天苍苍，野茫茫。风吹草低见牛羊。

4.教学目标

（1）通过《敕勒歌》的学习，让学生感受中国古诗的魅力，使其认识到中国的古诗有别于平常学习的汉语。

(2)向学生传递自古以来中国人和莫桑比克人都热爱生活、热爱家乡的文化信息。

5.教具

电脑、《敕勒歌》音乐视频。

(二)教学实录

依旧是一个普通得不能再普通的下午,但这一天,L老师要做一件不一般的事,就是教小朋友们中国的古诗。

这天,到了教室后,孩子们看起来一脸困意、无精打采。和他们每个人进行简单的课前问候后,L老师用电脑放起了《敕勒歌》的小视频,学生们听到电脑里在播放动画就凑过来看,学生看了一遍《敕勒歌》的音乐视频后,明显精神好了很多,播放音乐视频能很好地引起学生的学习兴趣。L老师又播放了一遍《敕勒歌》的音乐,这时让学生看L老师边唱边做舞蹈动作,提高他们的参与度。

接着,L老师开始教唱《敕勒歌》,一句一句地教。先教他们不带曲调时的正确读音,再教他们带上曲调怎么唱,教的同时要配上手脚的动作。带读音的同时配合视频中的情景向学生解释每句话的意思,让学生知道大致意思即可。

L老师告诉学生:"在中国,有这样一个美丽的地方,有一大片草原,遍地牛羊,这样的场景和莫桑比克很不一样。"

"敕勒川,阴山下":有一群人叫敕勒人,他们住在一个很空旷的地方,这个地方在阴山下。(Há um grupo de pessoas chamado Chile,eles vivem em um lugar muito vazio,este lugar está sob o Yinshan.)

"天似穹庐,笼盖四野":天空很大,好像和大地都连起来了。(O céu é grande,parece estar ligado à terra.)

"天苍苍,野茫茫":天很蓝,草很绿。(O céu é azul,e a

grama é muito verde.）

　　"风吹草低见牛羊"：风吹过，看见了在草丛里有一群群牛羊。（O vento soprou e viu um grupo de gado e ovelhas na grama.）

　　分句教完后，L 老师播放音乐，让学生跟着练唱整首歌。一开始，学生有点跟不上歌谣的节奏，在跟着 L 老师练习了 4—5 遍后，老师不带唱，而是通过表演动作来引导他们唱出来。再让学生跟着音乐边唱边做动作，练习 2 遍。

　　到了学习成果展示的环节，L 老师组织学生以 3 人为一组进行表演。再分男、女生组进行表演。最后，由 L 老师分别为表现优秀的学生盖章奖励。表演结束后，L 老师发现，女生们的表演更出色。

　　作业布置环节，和往常一样，L 老师给他们安排了一个随堂小测试，要求：学生两两一组，分说和唱 2 个部分进行表演。说的部分，由 2 个学生分别先后进行；唱的部分，2 个学生要合唱，从头到尾都要求 2 个学生充分做好肢体语言和口头语言的配合。

（三）教学分析

　　歌谣式古诗教学在 L 老师所有的歌谣式教学中是最为成功的实践案例。与其他要素教学不同的是，其他要素教学用到的歌谣都是由 L 老师自己填词编曲的，而古诗教学使用的歌谣是通过视频网站找的现成的儿童歌谣，L 老师在教学前经过多次筛选，最终选取了在难易度区分层面更适合低龄学习者学习的 3 首诗。教学时段上，由于 L 老师的汉语课被安排在下午两点，此时，孩子们往往午睡初醒，《敕勒歌》可以搭配欢快的曲调和节奏，如此激昂的听力刺激能够帮孩子们在短时间内打起精神，快速进入学习状态。

　　其实，L 老师通过在课前给学生播放《敕勒歌》的音频，已经观察到孩子们的兴奋劲儿,这无疑给 L 老师开展歌谣式古诗教学增添了不少信心。同时,这首歌的舞蹈动作也很简单,而且,每唱一小句,就可以配上一个简单动作,学生非常喜欢在唱到"风吹草低见牛羊"这一句时所做的动作,孩子们开心的表情特别可爱! 整体上看,通过音乐与身体智能的结合,古诗教学的课堂氛围很棒,学生的参与度也比较高。

在随堂小测试环节,L 老师组织学生两两一组,合作完成《敕勒歌》的表演,在 L 老师的指导下,学生大都能顺利完成任务。

在古诗背诵方面(见图 4),经过 2 个课时的教学,全班有 3 个学生能够背诵全诗,有 4 人能够背诵出一半以上的内容,整体完成情况良好。

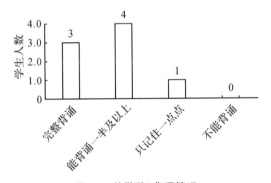

图 4 《敕勒歌》背诵情况

古诗多是用精练的语言描述一定的场景,加上语言演变的因素,古诗中的许多字词搭配现象也早已在现代汉语普通话中消失。L 老师通过音视频等现代多媒体资源的整合利用,将视频画面与古诗描绘出的"大草原"的辽阔场景联系起来,激活了低龄学习者的视觉和听觉感知。孩子们对视频呈现的陌生场景产生好奇,L 老师正好利用学生们这一时的好奇,趁热打铁,开展教学活动。在教唱过程中,学生对音乐里"呼呼"的声音

(风声)很感兴趣,而这风声恰恰相当于间奏,有效改善了学生在间奏过渡阶段注意力不集中的现象,反倒让他们更专注。

诗歌的韵律美与音乐的旋律美融为一体,因此学生们唱起来就更加顺畅,学生唱得越顺口,也就越爱唱这首歌。L老师根据后期的课程反馈了解到,这首《敕勒歌》是大部分学生最喜欢的一首古诗。以《敕勒歌》为例的古诗教学为低龄汉语学习者们开启了一扇学习汉语、了解中华文化的大门。

案例思考题

1.歌谣式教学对幼儿课堂管理和幼儿学习效率产生了哪些作用?

2.结合上述案例,简述你对歌谣式教学的认识。

3.以上案例体现了歌谣式教学的哪些特点,请具体结合某一方面谈谈你的理解和认识。

4.说说本案例对你今后进行幼儿汉语教学会产生哪些帮助或引发哪些思考。

5.请结合自己的认识与思考,将以上的案例写成教案。

案例使用说明

1.适用范围

(1)适用范围:幼儿对外汉语教师,汉语国际教育专业本科生、硕士生。

(2)适用课程:国外幼儿汉语课程、对外汉语案例教学。

2.教学目的

(1)利用歌谣这一形式来帮助对外汉语教师进行幼儿汉语教学与课堂管理。

（2）让汉语国际教育专业学生了解歌谣式汉语教学，充实理论基础，从而更好地服务于实践。

（3）帮助对外汉语教师在课堂上营造一个轻松愉快的教学环境，做到真正的寓教于乐。

3.关键要点

（1）相关理论

①多元智能理论

歌谣式教学运用了多元智能理论，充分调动了孩子的语言、音乐、肢体运作、人际、内省等智能，最大程度地激活孩子们的这些智能，提高孩子们的学习和认知能力。

②联结主义心理学

歌谣式教学运用了联结心理学理论，采用唱歌谣和观看视频的形式来刺激和加强学习者对汉语语音、词汇及句型的联系。随着学习者对曲调越来越熟悉，如此反复加强联结之后，学习者对歌谣内容的学习将达到自动化。

③全身反应法

歌谣式教学结合了肢体动作，很好地将语言与行为结合起来，让舞蹈动作与歌词产生联系，通过身体动作来提高对语言的理解，从而感知、理解并掌握语言。它还能够一下子就抓住学生的注意力，吸引学生参加活动，让他们在身临其境的体验中学习汉语。

（2）关键知识点

歌谣式教学理念、幼儿教学特点、教学设计。

（3）关键能力点

结合现有教材内容和个别经典歌谣进行歌谣的创造创新，让歌谣式汉语教学真正服务于汉语教学。

（4）案例分析思路

通过对每一次歌谣式汉语课堂上学生的掌握情况、学生在每一个教学环节的表现情况以及课堂展现的整体情况进行细致的效果分析与教学评价，具体描述并呈现歌谣式汉语教学的全过程，以期为新手汉语教师开展面向低龄汉语学习者的汉语课堂教学活动提供一定参考。

（5）教学建议

①时间安排：3 个课时，共 120 分钟。

②环节安排：案例导入（建议 5 分钟）→案例阅读（建议 20 分钟）→学生分组对案例进行讨论（建议 15 分钟）→教师对案例进行点评（建议 15 分钟）→分组进行教学设计并展示（建议 40 分钟）→学生互相点评（建议 15 分钟）→教师点评并给出教学建议（建议 10 分钟）。

③人数要求：30 人左右的班级教学。

④教学方法：案例分析、阅读指导、分组讨论、探究性学习等。

⑤组织引导：教师布置任务清晰，有效组织学生进行分组讨论，在学生进行教学设计环节时及时给予建议。

⑥活动建议：控制好每个环节的时间，为学生设计并展示教学设计提供充足的时间；在课堂上可以让有相关教学经历的学生分享经验。

5.推荐阅读

[1] 高月梅.幼儿心理学[M].杭州:浙江教育出版社,2003.

[2] 谷传华.儿童心理学[M].北京:中国轻工业出版社,2010.

[3] 霍德华·加德纳.多元智能新视野[M].北京:中国人民大学出版社,2012.

[4] 周晓康.晓康歌谣学汉语(第一集)[M].北京:北京大学出版社,2009.

[5]袁杰.歌谣教学法在少儿初级对外汉语教学中的应用——以《晓康歌谣学汉语》为例[D].锦州:渤海大学,2016.

[6]胡星.菲律宾幼儿教学课堂管理研究[D].西安:西北大学,2014.

[7]李承恩.论中文儿歌在韩国高中汉语教学中的补充作用——从语音、词汇、语法三个方面研究[D].沈阳:辽宁大学,2011.

捷克6—9年级学生主题式汉语兴趣课教学设计与实施

——以"斯洛伐克在哪儿?"为例 *

摘　要:捷克共和国(简称"捷克")是"一带一路"沿线国家之一。在与中国交流互动升温的同时,捷克本土的汉语学习需求也日益增长。一些机构开设了面向中小学的汉语兴趣课程,这将是未来汉语国际传播的重要途径。教育机构应采取何种教学模式才能适应不同学习者的需求?该案例针对捷克6—9年级学生的汉语兴趣课,采用主题式教学模式进行教学设计与实施。首先,分析了主题式教学法应用于捷克6—9年级学生汉语兴趣课的必要性;其次,以次主题"斯洛伐克在哪儿?"为例详细阐述了教学设计要点,展示了教学实例;最后,结合实践和多方评价,就汉语主题式教学的实施情况进行了反思和总结。

关键词:主题式教学;捷克;汉语兴趣课

---

　　* 作者简介:孙春颖,女,吉林省吉林市人,浙江师范大学国际文化与教育学院副教授,硕士生导师,文学博士。杨芳,女,江苏无锡人,浙江师范大学国际文化与教育学院2017级硕士研究生。

The Design and Implementation of Thematic Interest-based Chinese Language Instruction for Czech Students in Grades 6—9-Using "Where is Slovakia?" as an Example

Abstract：The Czech Republic (henceforth CZ) is one of the countries along "the Belt and Road." In tandem with its ever-more thriving exchanges and interactions with China has arisen a steady increase in demand for Chinese language learning in CZ. Some organizations have launched Chinese interest courses for primary and secondary schools. This approach will be an important way to spread Chinese internationally in the future. What kinds of teaching models should educational institutions adopt to meet the needs of different learners? This case study focuses on Chinese interest classes for Czech students in grades 6—9. It adopts a theme-based model for instructional design and implementation. First, it analyzes the need to use theme-based instructional methodologies in Chinese interest classes for Czech students in grades 6—9. Then, it takes the subtheme "Where is Slovakia?" as an example to facilitate the detailed presentation of the main points of instructional design and to provide examples from teaching. Finally, by combining practice with evaluations from many perspectives, it reflects on and summarizes the implementation of theme-based instruction.

Key words：Theme-based instruction；Czech Republic；Chinese interest classes

背景信息

近年来,捷克作为"一带一路"沿线国家和"中国-中东欧'16＋1'合作"重要支点国家,与中国的互动与日俱增,捷克的汉语教学与推广也取得了阶段性的成果。但是，放眼整个欧洲，汉语在捷克的受重视程度远远低于英国、法国等国家。目前，捷克仅有两所孔子学院，汉语还未被捷克政府正式列入中小学外语课程，且仅有少部分学校开设了汉语选修课，如果有学生想学习汉语，通常只能利用少量的课外时间求学于开设汉语课程的教育机构。因此，捷克当地的教育机构在某种程度上更容易为捷克民众所接受，在中国文化以及汉语传播方面有着更为独特的优势。就现阶段汉语在捷克的传播率无法在短时期内得到提高的情况而言，如何为当地教育机构的汉语兴趣课程找到更加合适的教学模式，不断提高汉语教学的效果和文化影响力，是在捷汉语教学①事业发展的当务之急。

那么，作为兴趣课，在捷汉语教学该采用何种教学模式呢？以 Y 老师所在的 P 机构为例，存在着两个短期内无法很好解决的突出问题：一是缺少长期稳定的汉语教学师资；二是可供教师选择的汉语教材十分短缺。整体来看，基于教材，强调语音、词汇、语法和汉字等汉语各要素的全面系统学习很难按部就班地进行，但是，作为语言教学模式的主题式教学（Thematic Teaching）恰能弥补这方面的不足，该教学模式是以内容为载体，以文本内涵为主题所进行的一种语言教学活动，它强调语言在实际生活中的应用，主张把语言教学情境化、生活化。该教学模式也不再以语言要素或者语言技能为语言课堂的组织架构，而是把语言放到有意义的主题中学习，真正把语言教学和内容教学结合起来。因此，Y 老师认为，就在捷汉语教学现状而言，主题式教学比传统教学有更强的可操作性和吸引力。

---

① 即"在捷克开展的汉语作为第二语言教学活动"。2019 年 10 月，世界汉语教学学会副会长古川裕先生曾提出"在日汉语教学"，同时出于行文之便，此处及下文的同类内容均简称"在捷汉语教学"。

于是,在对 P 机构汉语学习者的基本情况及其风格进行分析后,面向就读于该机构的 6—9 年级学生,Y 老师把主题式教学引入了自己的汉语课堂,同时,根据学生们的喜好设计了四大主题,下分 12 个次主题。本案例即以次主题"斯洛伐克在哪儿?"为例,介绍教学设计,展示教学实例,以期为业内同行的海外汉语教学提供参考。

案例正文

一、主题式教学法在捷克汉语兴趣课堂应用的必要性分析

(一)基于捷克汉语课程性质的必要性分析

从捷克汉语教学现状来看,中小学生参加的汉语课主要是校外兴趣课,其性质与学校的必修课不同,应以培养、保持学生对汉语的兴趣为主要目的,教学结果的评量也不以应试为主要形式。而主题式教学模式在上述两个方面非常符合汉语兴趣课的要求。

首先,主题式教学能够激发学生学习兴趣和深入探究的欲望。主题式教学为教学提供了一个生动有趣的切入点——通过引导学生参与形式多样的主题活动,学生可从各个方面理解、认识主题,从而发现自己最感兴趣的内容。一旦学生对运用汉语表述某个主题感兴趣,那么他的内部学习动机就能促使他进行更深入的学习和探究,语言学习的挑战也就从阻力转换成了动力。

其次,主题式教学拥有多元、多维和多样的评量方式,在整个学习过程以及任务和活动中,教师对学生、学生对其他学生或自己开展多角度的评价。学生在每一次课上都能够得到及时的评量,这对保证学习的有效性是非常有益的。同时,每个主题活动最后的成果展示,能够让学生在不同方面的天赋和创

造力得到充分展示,提升学生学习的成就感。因此,主题式教学应用于捷克汉语兴趣课是合适的、可行的,也是必要的。

(二)基于捷克汉语师资与教材现状的必要性分析

在捷克,汉语教学师资与汉语教材存在诸多问题,特别是在教育机构中。主要表现为:

1.稳定性师资不足,专业教师队伍缺乏

目前,在捷克从事汉语教学的教师大致可按教师来源分为中国籍教师和捷克籍教师两大类。中国籍汉语教师人数较少且质量参差不齐,除了国家公派教师、孔子学院专职教师以及一些中捷校际合作交流派出的汉语教师外,其他就是一些在私立学校、教育机构工作或实习的教师,还有一些在捷留学生等非专业人士担任的汉语教师。一方面,中国籍教师在捷克教学的时长为1—2年,所以流动性较大。这对那些想要长期学习汉语的学生来说,意味着刚刚努力适应了某位汉语教师的教学风格和课堂模式,教师就又离开了,自己则又要重新开始适应新任教师的教学模式。另一方面,由于捷克语是较为冷门的小语种,很少有中国教师精通捷克语,所以,通常情况下,教师会选择使用英语作为媒介语辅助教学,这就给那些不懂英语或英语学得不好的学生带来了更大的学习压力和困难。因此,很多学生也会选择捷克本土教师进行汉语的启蒙教学。本土教师的优势是长期居住在当地,可以用母语与学生进行交流,更了解学生在语言学习中可能犯的错误,但这些教师本身在汉语语音、语法等方面还都存在一些问题,会给学生造成负面影响;并且,捷克高校还未设立汉语教育专业,也就是说,所有的捷克本土教师都非科班出身,教学的专业性也难以得到保证。

2.中小学教材短缺,与受众匹配度不高

目前,捷克的汉语课堂教学没有统一的教材,一般由学校或汉语教师自行选择。孔子学院和孔子课堂在国家汉办的支持下可选择的教材相对较多,但当地的教育机构通常需要自己承担昂贵的教材费用以及运输成本,因此,教材配备并不完善。以 P 机构为例,现可供选择的教材有《标准教程 HSK》1—5 册、《快乐汉语》(第一册)、《体验汉语:生活篇》和《体验汉语:旅游篇》,除《快乐汉语》为中捷版本外,其他均为中英版本。由于教材的短缺和与受众的不匹配,很难针对学生的不同情况选择合适的教材。

就捷克目前的汉语师资与教材状况来看,很难按部就班地进行传统的汉语教学,而主题式教学恰好能够弥补这方面的不足。

具体来看,首先,主题式教学对教材的要求并不高,教学主题的选择着眼于学生感兴趣或与其生活息息相关的一切,而非某一本教材。确定主题后可以进行头脑风暴,挖掘出很多与主题相关的内容,这些内容经过教师精心设计,都可以成为教学知识点。其次,主题式教学的重点不在于语法、句型或词汇的学习上,而在于将真实的情境带入课堂,让学生的学习过程变得有趣且有意义。这在一定程度上降低了对汉语教师的汉语知识专业性要求。同时,主题式教学中贯彻"以学生为中心"的现代教育理念,教师只是引导者,真正吸引学生的主要是教学主题和课堂活动,而不是某个教师的教学风格或个人魅力,所以教师的更换也不会对学生的学习带来太大的影响。

(三)基于捷克 6—9 年级学生特点的必要性分析

捷克的小学为九年义务制,分为两个阶段,第一阶段为 1—5 年级(6—11 岁),第二阶段为 6—9 年级(11—15 岁)。Y 老师

的教学对象是小学第二阶段 6—9 年级学生，该年龄段的学生有以下特点：

1.开始自觉比较不同语言的差异，对一些语法现象感到不解或抵触；

2.对有趣的知识和活动表现出极大兴趣，并希望自己能有所收获；

3.对在平等、自由的环境下进行交流和学习有着强烈欲求。

而主题式教学也相当符合 6—9 年级学习者的现实需求，具体有以下四点：

第一，主题式教学在保持学生的兴趣与好奇心方面有着传统教学模式不具备的优势。6—9 年级的学生活泼好动，喜欢参与各种各样的游戏，也喜欢和同伴们一起学习玩耍。主题式教学丰富多彩的活动让学生对汉语课堂保持相对持久的新鲜感，虽然学习汉语对他们来说不那么简单，但是在这样的模式下学习汉语，他们愿意迎难而上。

第二，主题式教学法注重培养学生综合能力，给学生充足的时间让其在课堂活动中学习，多方位发展孩子的多元智能，也能让拥有不同特长的孩子得到展示的机会，提升学生的自我认同感。

第三，在主题式教学模式中，师生既是学习情境的组织者，又是学习情境中的共同探讨者，是一种平等、合作的关系。在这样的氛围中，教学相长，师生共同进步。同时，学生与学生通过沟通与合作共同完成任务，既增进了彼此间的相互了解，也能更好地认识自己，取长补短。活动中的竞争与合作还能激发学生的学习积极性，营造良好的学习氛围。

第四，汉语、捷克语以及在学校学习的其他语言（英语、德语、俄语等）属于不同的语系，如果采用传统的教学模式，则很容易使学生们产生畏难情绪。P 机构中传统教学模式下的部分学生就是因为觉得汉语太难而放弃了学习。Y 老师与 P 机构负责人以及学生家长沟通后发现,大部分家长对孩子学习汉语并没有一个硬性指标(如通过 HSK 考试),只希望能够培养孩子们学习汉语的兴趣,打下一定汉语基础。而传统的汉语教学模式更倾向于让学生系统学习语音、词汇、语法,更适合长期、有明确目标的学习者。

　　综合各方面的实际情况,可以看出传统教学在这里并不能凸显其优势,而主题式教学更符合汉语兴趣课的定位,有其存在的必要性。

二、"斯洛伐克在哪儿?"的教学设计与实施

　　"斯洛伐克在哪儿?"这一主题名称结合了描述位置的基本句子"……在哪儿"和与捷克密切相关的国家"斯洛伐克",基本词汇中大部分是学生熟悉的国家,让学生在学习主题时能够很快知道需要掌握的内容并感到不陌生,消除潜在的畏难情绪。本课的基本词汇、句子、功能如表 1 所示。

表 1　主题及内容

主题	基本词汇	基本句子	功能
斯洛伐克在哪儿?	英国、美国、法国、德国、日本、韩国、泰国、俄罗斯、意大利、斯洛伐克、西班牙、奥地利、匈牙利、波兰、这儿、那儿、东、南、西、北	……在哪儿? ……在这儿。 你想去哪儿? 我想去…… 你想去……吗? 我不想去……	在地图上寻找和描述国家位置,表达自己(不)想去的国家

　　该主题活动设计如表 2 所示。

表 2　主题活动设计

主题	主题活动设计	活动目的
斯洛伐克在哪儿？	活动一：拼图归位 教师准备世界地图的拼图，随机拿走几个放在一边，然后问学生某个国家在哪儿，让学生根据问题把缺失的地图拼好并回答 活动二：蒙眼拼图 教师随机拿走一个国家的拼图，让一个学生蒙眼，一个学生说"东、南、西、北"指示蒙眼的学生把拼图归位 展示活动：画出喜欢的国家并介绍	学生能够熟悉各个国家的地理位置并掌握相应汉语名称，发展语言、空间、肢体运作和人际智能

在主题式课程实施的过程中，采用"主题背景导入—主题词语学习—主题内容操练—活动表现评量"的教学程序，其中典型的主题活动放在主题内容基本操练结束后进行。

（一）主题背景导入

上课时，Y 老师拿出了世界地图，学生的目光瞬间被吸引了。出于活动需要，老师改变了学生以往的学习场地——从桌子、椅子上转换到了地毯上。老师把地图铺在地毯上，因为是一对二小班教学，所以学生 A 和 B 分别坐在地图两边，Y 老师则坐在正对着地图的一边。Y 老师先微笑着问学生："你是哪国人？"（已经学过的句子）学生回答："我是捷克人。"老师继续问："捷克在哪儿？"由于是新句子，学生一开始没听懂，回答不上。这时，老师迅速在地图上随意指几个地方再次问道："捷克在哪儿？"于是，学生明白了所指的问题，并准确指出了捷克的位置，Y 老师微笑着竖起大拇指，并说道："捷克在这儿。"

考虑到学生汉语水平（初级）以及年龄段特点，主题式教学一般主张采用图片、视频、歌曲等视觉或听觉材料作为课堂导入。由于所选主题非常贴近生活，所以，在教师展示图片或播放视频时，学生就能较好地理解本次课的主要内容，并且联想到和自己有关的生活经历,这对于语言的教学是很有帮助的。而且,在进入汉语课程之前,学生大多是刚刚结束了自己所就读学校其他科目的学习,一方面,其语言和思维还停留在捷克语层面,另一方面,也已经有一定的疲惫感,而这些具有听觉或视觉刺激的材料有助于学生在疏解疲惫感的同时尽快集中注意力,并切换到汉语思维中。

此次课中,教师选择了用世界地图作为导入,并且改变了以往的学习场地,让学生们在很短时间内就提起对汉语课程的兴趣。再结合已学知识,引出新课的内容,配合使用地图,培养学生用汉语思维的能力。

(二)主题词语学习

Y 老师拿出准备好的生词和句子卡片,先把写有"……在哪儿?""……在这儿。"(带有拼音和捷克语解释)的卡片放到地图上方。然后,指着地图上的斯洛伐克区域说:"斯洛伐克"(重复两遍,学生跟读)。接着再将其带入句中,问道:"斯洛伐克在哪儿?"学生手指着斯洛伐克答道:"斯洛伐克在这儿。"最后,Y老师开始对单个学生进行提问,以确保每个学生能够正确理解并学会运用,同时帮助学生纠正发音上的问题。按照以上问答模式,Y 老师继续引入其他国家的汉语名称进行学习和操练。

主题词语除了单个词语外,还包括更为重要的、承载语言信息的"功能块"[①]。主题词语的学习一般是在特定主题情境下进行的,因而,较少用到直接翻译。在本课中,Y 老师没有过多地解释词句的意思,而是在句子卡片上标注了捷克语,目的在于确保学生能够正确理解每个句子的意义和用法。

----

① 也称"语块",是指一些只需熟记的、不必加以分析就能整体使用且使用频率较高的固定搭配和短语。

（三）主题内容操练

Y老师把写有国家名称的生词卡片随机拿出4张放在学生面前，然后，快速说出其中一个国家的名称；接着，由学生选择正确的卡片，做出正确选择的学生可以获得卡片。所有卡片认领完毕后，先让拿到卡片较多的学生A把卡片都平铺在地毯上，然后由学生A随机说出某个国家的汉语名称，学生B指出正确的卡片；再让学生B把他的卡片平铺在地毯上和学生A进行问答练习。

操练完毕，Y老师开始加大难度——要求学生又快又准地完成答问。加快语速问学生："×××在哪儿？"学生需要快速反应并用手指着地图上正确的区域回答："×××在这儿。"（每轮练习5次）然后，再让学生A来问，老师则和学生B一起比赛看谁又快又准（练习5次）；最后，学生角色互换，再进行5次练习。

（四）主题活动开展

Y老师拿出拼图版的世界地图（已拼合完整）和剩下的句子卡片（卡片上分别写有："你想去哪儿？""我想去……""你想去……吗？""我不想去……"），领读两遍后放在拼图上方。首先是教师分别与学生A和学生B进行问答练习（两轮为一组，根据生词量共操练4组）：

  师："A，你想去哪儿？"
  生A："我想去斯洛伐克。"（学生边答边从拼图中取出表示斯洛伐克的拼图模块）
  师："B，你想去哪儿？"
  生B："我想去中国。"（边答边从拼图中取出表示中国的拼图模块）

练习完毕,Y 老师再取出一个国家的拼图模块问学生:"你想去……吗?"学生回答"我想去……。"最后,进行师生角色互换练习,本轮重复 2—3 次。

接着开展课堂活动。此处列举两个活动,具体操作如下:

活动一:拼图归位

老师问学生 A:"斯洛伐克在哪儿?"学生 A 要把斯洛伐克的拼图归位并回答:"斯洛伐克在这儿。"老师再问学生 B:"波兰在哪儿?"学生 B 把表示波兰的拼图归位并回答:"波兰在这儿。"直到把所有拼图都归位,此轮练习结束。

活动二:蒙眼拼图

把写有"东、南、西、北"的 4 张卡片(捷克语注释)分别放到地图的 4 个方位,然后领读两遍,让学生增强有意识记。接着,每两个学生为一组,老师先随机拿走一个国家的拼图模块,让蒙眼的学生 A 根据手中拼图模块的形状大小,猜出具体的国家名称;学生 B 发出"东、南、西、北"的指令,帮助学生 A 把拼图模块正确归位;学生角色转换,如此进行多轮练习。

最后是展示环节,首先要求学生先用句子表达"我想去×××(国家名称)";再用铅笔按照拼图训练时的记忆画出这个国家的形状,并标注其拼音;最后请学生用学过的句子介绍自己以及自己想去的国家,如"我叫××,我今年××岁。我是××人。我想去××。××在哪儿? ××在这儿!"等。

（五）活动表现评量

除了教师在日常课堂操练以及活动环节对学生进行评量外，还可以引导学生进行自我评量。如在每个主题中列出学生需掌握的相关能力任务清单，每次课结束后都让学生写下时间，并对已掌握的能力打钩，然后教师提出对学生下次课的期望。这样对比教学目标，让学生清楚自己的学习是否达到了教师预期的效果，同时，教师也可以根据学生的学习完成情况调整目标。教师对学生的鼓励与期望也能激励学生下次课更好地完成学习目标。学生能力自我评量如表3所示。

表3　学生能力自我评量

能　　力	时间	时间	时间	时间
我可以正确朗读已学词汇				
我可以用已学词汇造句				
我可以用汉语和老师/同学进行相关主题内容的交流				
我可以用拼音写句子				
……				

在学生基本掌握了词汇、句子的发音和拼音认读之后，Y老师又用所学内容和学生进行了与本次主题课程内容相关的汉语交际活动。但是，在用拼音写句子的过程中，学生A和学生B标注声调的准确性欠佳；在记忆和识字方面，学生B完成得较好，学生A较差。

三、评价与反馈

(一)学生评价与反馈

为了获取学生对当前教学的反馈及建议,以在下一阶段完善改进,Y 老师在本课结束后对学生进行了一次简单访谈(英语),学生反馈如下:

师:What do you think of today's Chinese class? What needs to be improved? (你觉得今天的汉语课怎么样? 有什么地方需要改进?)

生 A:I think it's fun. It's good as it is. Sometimes it feels a bit rushed, but then you slow down and it's good again. (我觉得它很有意思,像这样很好。有的时候有点儿快,但是之后你又会慢下来,它就又变得很好。)

生 B:I think it's good. I like the games we play to practice sentences, it's helpful and funny. Maybe it should be better to practice more pronunciation. (我觉得它很好。我喜欢我们练习句子时玩的游戏,它们很有帮助也很好玩。可能课堂上应该多练习一下发音。)

从学生反馈记录可以看出,他们觉得这节课很有趣,但是也存在教师语速或进度过快、语音训练不充分的问题。Y 老师听取了学生的建议,在后一阶段的课程中对教学方式和进度进行了一些调整。

(二)教师自我评价

教师的自我评价也是主题式教学评量与评估必不可少的一部分。Y 老师通过以下表格(见表 4)对自己的教学进行了自我评价和反思。

表 4　教师教学自评表

评价项目	评价内容	评价等级 1.优秀　2.良好 3.合格　4.不合格
教学目标	有明确的教学目标	1
	按照目标进行教学	2
	达到预期的教学目标	2
教学内容	符合学生兴趣	1
	适合学生年龄	1
	贴近真实生活	1
教学活动	结合教师与学生的优点与特长	1
	合理配置已有资源	1
	与其他学科贯连,培养学生的多元智能	2
教学实施	提供充足的主题背景	2
	创造情境让学生学习主题词语	2
	采用多元的操练和活动方式	1
教学评量	及时记录学生的课堂表现	2
	采用多元的评量方法	2
	引导学生进行自我评量	1

从表 4 可以看出,Y 老师在教学内容和教学活动方面完成得较好,在教学目标方面则需要更严格地执行既定目标,在教学实施方面要提供充足的背景与情境,在教学评量方面要注意及时记录与评价,采用多元的评量方法。

（三）同行教师听课评价

除了上述评价外,其他教师的评价也具有相当重要的参考价值。对于本节课,中方教师 Z 给出了听课评价:

这是一堂生动有趣的汉语课，Y 老师利用世界地图进行教学导入，让学生很快进入上课状态。在主题词汇、句子教学时利用卡片、地图等教具，在尽量不使用媒介语的情况下帮助学生准确理解所学内容的含义。主题活动不仅加深了学生对主题词汇的印象，而且锻炼了学生之间的合作能力，使得学生们的参与热情和积极性非常高。不足之处在于背景介绍过少，没有设置科学的检测环节，教师没有在课堂最后进行总结。

捷方教师 M 听课评价：

She is a very passionate teacher and students were happy and active in Chinese class. From all the teaching materials, we could see that she prepared well for the class. But there seemed to be too many new words for the beginners, and the teaching speed should slow down to make sure that all the students can understand the teacher well. （她是一个很有激情的教师，学生们在汉语课上很开心也很活跃。从所有的教学材料来看，我们可以看出她为这堂课做了充分的准备。但是，对于初学者来说，生词似乎太多了，教学速度也应该放慢，以确保所有学生都能够很好地理解教师。）

因此，从中、捷两方教师评价来看，他们都比较认可主题式教学在调动课堂氛围以及师生互动方面的优势，但对于实施中的不足之处有着不同的见解。中方教师更注重课堂的完整性以及学生对所学内容的真正掌握程度,捷方教师则更注重学生的实际接受能力和教学输入的有效性。

四、总结

P 机构的汉语兴趣课通常以 16 次课为一个阶段。Y 老师在第一阶段设计了四大主题和 12 个次主题。具体如表 5 所示。

表 5　汉语兴趣课程主题设计一览表

编号	主题	次主题
①	人际关系	你好
		我哥哥喜欢打冰球
		我的好朋友
②	节日和庆祝	生日快乐
		捷克的圣诞节
		中国的春节
③	学校生活	今天不上课
		捷克学生和中国学生的课程表
		我的老师很酷
④	交通和旅游	斯洛伐克在哪儿
		坐公共汽车去布拉格
		我迷路了

此后,通过和所教授学生的课后谈话,Y 老师又了解到他们大多觉得汉语有点儿难。这是一个比较恰当且有助于汉语学习的心态,有这样心态的学生,不会过分轻视或畏惧汉语学习,也会因为有一定的挑战性而迎难而上。在汉语并不热门的国家或地区,汉语推广的首要任务是让人们对汉语以及汉语学

习有一个正确的认识,这样才能推动汉语的发展。对于汉语教师来说,最重要的就是让正在学习汉语的学生感受到汉语的可学性以及趣味性,让他们成为正面宣传的实例。从实践与反馈结果来看,汉语主题式教学对于捷克 6—9 年级的学生而言是可行的。具体体现在:

1.在相对有限的时间里仍能保持学生对汉语学习的兴趣。这个年龄段的学生的注意力和兴趣大多放在有意思的事情上,传统的课本教学很容易让他们分心、感到无聊,而主题式教学以其丰富的活动让学生在玩中学、用中学,弱化了汉语学习的"难"。

2.与生活的紧密联系让学生在课堂上积极参与,有话可说。主题的确定考虑到学生的兴趣以及日常生活,因此学生对此不是完全陌生的,在学完汉语表达后学生就可以直接运用汉语来介绍自己或身边的人,表达自己的观点及想法。

3.教师与学生关系的转变降低了学生的学习焦虑和压力,增加了学生学习的主动性。主题式教学以学生为中心,在课堂上教师由传统的说教者变为帮助学生学习的引导者,学生学习过程中的情感过滤大大降低。同时,学生对教师的认同又潜移默化地影响了学生学习的积极性和主动性。

案例思考题

1.结合上述案例,简述主题式教学的理论基础。

2.以上案例体现了主题式教学的哪些特点?请具体结合某一方面谈谈你的理解和认识。

3.阅读本案例,你如何看待 Y 老师设计的主题教学活动,对你有什么启发?

4.主题式教学的主题设计和活动设计应注意哪些问题?

案例使用说明

1.适用范围

（1）适应对象：汉语国际教育专业研究生或本科生，对外汉语教师。

（2）适合课程：（教育机构中）初级阶段汉语教学。

2.教学目的

（1）了解主题式教学法的相关理论和教学流程。

（2）了解主题式教学法的实施步骤和主要环节。

（3）获得主题式教学法教学设计和实践的相关经验。

3.要点提示

（1）相关理论

①主题式语言教学相关理论

主题式语言教学是以内容为载体、以文本的内涵为主题而进行的一种语言教学活动。主题式语言教学模式强调语言在实际生活中的应用，主张语言教学情境化、生活化。该教学模式不再以语言要素或者语言技能为课堂的组织结构，而是把语言放到有意义的主题中去学习，把语言教学和内容教学结合起来。

②建构主义理论

建构主义学习理论的基本观点是："学习是学习者在自己原有经验、知识、概念、技能、信仰、习惯等因素的基础上，所进行的主动、积极的意义建构过程。它强调学习者在学习过程中的自主建构、自主探究和自主发现，并要求将这种自主的学习与基于情境的合作学习和基于问题解决的研究性学习结合起来。"在此基础上的汉语主题式教学通过学生熟悉或感兴趣的内容作为语言教学的载体,将新的知识建构在已有知识的基础上,注重调动学习者已有的知识和经验,让学生从完全被动接受知识转换成联系已有知识进行主动思考。在教师设计的相关活动中,学生有机会和同伴一起共同合作完成一项任务,或者自己独立完成一项创作活动,这有助于学生的逻辑思维、合作交际能力的发展。

③多元智能理论

多元智能理论和建构主义有密切的关系,二者都是一种内在建构性的教学观,都强调学习是一种在已有知识基础上的建构过程。二者的差异在于,多元智能理论在教学中特别关注学习者个体智能的差异对教学的意义。根据加德纳所提出的多元智能理论,智能是指人在特定情景中解决问题并有所创造的能力。他认为,我们每个人都拥有 8 种主要智能:语言智能、逻辑-数理智能、空间智能、运动智能、音乐智能、人际交往智能、内省智能、自然观察智能。大部分人只会在一两个智能方面较为突出,不同的人有不同的智能组合。主题式教学重视知识的建构和学生的个体差异,注重因材施教,让学生能够选择适合自己的方式展示学习成果。在教学过程中,以学生为中心,将教学内容和学生的生活、爱好联系起来,使教学贴近生活,让学生有开口说话的欲望。

④有意义学习理论

奥苏贝尔认为,学生的学习如果要有价值的话,应该尽可能地有意义。有意义的学习有两个先决条件:第一,学生表现出一种意义学习的心向,即表现出一种在新学的内容与自己已有的知识之间建立联系的倾向。第二,学习内容对学生具有潜在意义,即能够与学生已有的知识结构联系起来。这就意味着在教学过程中,教师需要提供有意义的学习材料,学生能够把学习材料中的新知识与已有知识联系起来。基于有意义学习的主题式教学,一方面需要确保提供给学习者的学习材料是有意义的、可理解的,能提供学习者相关主题的知识,另一方面学习内容应是螺旋式的,让学生建立新旧知识间的联系。

(2)关键知识点

主题式教学理念、主题式教学设计、青少年学习特点。

(3)关键能力点

"备学生"的能力、主题式教学设计与实施的能力、教学反思的能力。

(4)案例分析思路

通过对捷克汉语教学现状以及主题式教学法优势的分析,发现使用主题式教学法的必要性;通过主题式教学法在汉语兴趣课堂上的实践,了解其效果;通过对主题式汉语兴趣课的评价、反馈和总结,为教师使用主题式教学法提供借鉴。

5.教学建议

(1)时间安排:1 节课,共 60 分钟。

(2)环节安排:主题背景导入→主题词语学习→主题内容操练→活动表现评量。

(3)适用班型:小班教学。

(4)组织引导:教师根据学生兴趣和实际情况确定主题词汇和主题活动;利用教具和问答法进行主题背景导入;指导学生进行主题词汇和句子的学习和操练;评价学生参与活动情况,帮助学生进行反思总结。

6.活动设计建议

(1)阅读主题式教学的相关资料,查阅相关教学设计和实施的文献,根据现有教学条件设计完整合理的教学过程。

(2)在实施教学前,要为各环节的顺利进行合理分配时间。

（3）在进行小组活动时,教师要做到指令明确,让学生明白应该做什么。

（4）在课堂活动中,尽可能使用汉语进行教学和发出指令。在讲解活动规则时,可以通过现场展示让学生理解。同时也要注意不要给予学生过多的学习压力。

7. 推荐阅读

[1] 安·索德曼,李筠,贾浦江. 主题式教学:中小学汉语课堂教学设计[M]. 北京:外语教学与研究出版社,2016.

[2] 白建华. 主题式教学在 21 世纪的发展及应用[C]//世界汉语教学学会、国家汉办. 第十届国际汉语教学研讨会论文集,2010:1-5.

[3] 海伦娜·柯顿,卡罗尔·安·达尔伯格. 语言与儿童:美国中小学外语课堂教学指南[M]. 北京:外语教学与研究出版社,2011.

[4] 宋培. 主题式教学在苏格兰初级汉语综合课中的应用研究——以斯特灵高中为例[D]. 武汉:华中科技大学,2018.

[5] 张月蓉. 塞尔维亚中学汉语主题式教学模式的探索和设计[D]. 西安:西安外国语大学,2017.

TPRS 教学法带你玩转海外汉语课堂 *

胡德明　楼淑珍

摘　要：TPRS 教学法（Teaching Proficiency through Reading and Storytelling，TPRS）作为新兴教学法，已经被广泛运用于国外第二语言教学实践，但在汉语作为第二语言课堂教学中的实践应用不多见。针对海外汉语课堂普遍存在的学生课堂参与度不高、语篇构造能力较差等现象，L 老师尝试采用 TPRS 教学法来解决这些问题。该案例主要介绍了 L 老师根据 TPRS 教学法对汉语教学内容和教学基本步骤进行设计和汉语课堂教学实践的全过程。案例中，L 老师还对 TPRS 教学法在海外汉语课堂中的应用进行调整和优化，获得了明显的教学效果。该案例希望为汉语教师采用该教学法进行针对性教学提供借鉴。

关键词：TPRS 教学法；海外汉语课堂；教学设计

Using TPRS in the Chinese Language Classroom Abroad

Abstract：Notwithstanding that TPRS (Teaching Proficiency through Reading and Storytelling) is a rapidly developing teaching methodology that is widely used in second language teaching

* 作者简介：胡德明，男，安徽芜湖人，浙江师范大学国际文化与教育学院教授，文学博士，博士研究生导师。楼淑珍，女，浙江金华人，浙江师范大学国际文化与教育学院 2017 级硕士研究生。

abroad, it is rarely found among the teaching practices current in Chinese as a second language classrooms. While teaching Chinese abroad, Teacher L decided to try using TPRS to solve problems that had arisen like low classroom participation and a weak ability among the class's students to construct discourses. This case study primarily serves to introduce the entire process used by L to design and put into classroom practice Chinese teaching content and basic instructional steps based on the TPRS method. During the case study, L adjusted and optimized the TPRS method for the overseas Chinese language classroom, resulting in clear improvements in teaching. It is hoped that this case study can provide a reference point for teachers in using this instructional methodology for targeted teaching.

Key words：TPRS method；Overseas Chinese Language Classroom；Instructional design

背景信息

近年来，作为古代海上丝绸之路中的重要一站，A 国积极参与共建"一带一路"，习近平总书记也希望两国能够加强人文交流合作，让两国"同志加兄弟"的传统友谊不断得到继承和发扬。汉语作为两国交流合作中至关重要的环节，这股席卷全世界的"汉语热"同样也在 A 国迅速发展开来。

L 老师任教于 A 国的一所国际学校。该校于 2016 年开始开设汉语课程，其办学层次包括小学、初中和高中。学校采用的是剑桥教育体系，在教学大纲中针对语言学习部分的考试要求体现出学生"听、说、读、写"全面发展，每项技能的权重占比各为 25％。该校学生从五年级开始可以自由选修汉语（该校外语课程还有法语和葡萄牙语）。然而,学生对汉语选修课程并不那么重视,加上学生们天性活泼好动,其汉语学习效果并不理想。

TPRS 教学法(Teaching Proficiency through Reading and Storytelling)是由美国加州的一位西班牙语教师 Blaine Ray 在 1990 年创立的一种可应用于各种外语教学的方法。当时,由于学生对传统的遵照教科书进行按部就班式的语言课程学习不感兴趣,于是,他开始尝试采用由美国心理学家 James Asher 在 20 世纪 60 年代提出的全身反应法(Total Physical Response)来教授西班牙语,通过讲故事和角色扮演等课堂活动的结合,帮助学生运用所学单词进一步学习西班牙语。这种方法在 James Asher 的全身反应法(TPR) 和语言学家 Stephen Krashen 的自然教学法(The Natural Approach) 基础上,提出了长效记忆策略、持续的可理解的语言输入及高度个性化等概念;同时,把全身反应法与语言习得策略结合起来,在词汇教学的同时教授语法、阅读和写作。该模式取得了显著的教学成效,逐渐成为一种全新的语言教学方法。此后,世界范围内的很多语言教育者都先后尝试引入 TPRS 教学法教授外语,其中,在美国高校课堂最为流行。而国内仅有少数将该教学法运用于英语作为外语教学以及汉语作为第二语言课堂教学的案例。结果也都验证了 TPRS 教学法在第二语言教学方面的积极作用。可以说,它是一种值得广大汉语教师大胆借鉴并尝试应用的有效教学法。

"情感过滤假说"是 TPRS 教学法的重要理论基础,该理论指出了学习者情绪对语言学习能力有重要影响。对学习者来说,负面情绪下的第二语言学习过程尤为曲折,阻碍了语言输入的有效处理。该假设进一步指出,可以通过激发兴趣,提供低焦虑环境以及增强学习者的自尊来减少对学习能力发展的阻碍。从 TPRS 教学法的特点来看,讲故事是一种娱乐,可以激发孩子们的想象力,让学生在详细的故事内容(而非枯燥的概念和定义)中学习。通过一个个有趣的故事构建生动有趣的汉语课堂。所选故事采用个性化定制,可以最大程度调动青少年的好奇心,帮助其专注于课堂,提升学习效果。TPRS 教学法的另一特点是,建构故事内容所用到的词汇知识和语法知识都是学生已经完全掌握的,通过故事叙述和复述,让学生获得大量的可理解输入,全面实现汉语知识学习语境化,训练和提升学生理解、阅读和写作水平,最终更好地运用汉语进行交际和表达。

　　汉语作为第二语言教学不断有新的理论提出。理论创新固然重要,但是,理论如果不与汉语教学实践相结合就变成了僵死的教条。只有将理论付诸实践,并通过教学实践不断优化,才能更好地推动汉语教学事业的发展。因此,在本案例中,为了让学生专注于课堂,并能在轻松愉快的环境中有效学习汉语,从"听、说、读、写"等各方面实现学生语言技能的提升,作为汉语教师志愿者的 L 老师决定在课堂上采用 TPRS 教学法,并针对应用结果进行调整改进,以不断优化提升其应用效果。

案例正文

一、TPRS 教学法怎么开展

　　L 老师任教的学校开设了选修性质的汉语课程。学校里,英语是学生交流和教师工作的主要语言。L 老师承担六年级学生的汉语教学工作。经了解,六年级学生具备一定的汉语基础,L老师多少感到有些欣慰。

为期两周的教学结束后,L老师惊讶地发现,自己的学生运用汉语进行基本交际的能力很差,即便是完成"一问一答"式的单个对话都有些吃力。有些学生,连一个简单的单句都无法正确、完整地表达出来,对于扩展表达,多数学生又倾向于仅利用核心词语简单拼凑出一些勉强能让人理解的句子。在课堂管理方面,学生表现出的参与度普遍不高、专注力明显不够等现象也成为一大问题,极个别的学生甚至完全无视课堂纪律!

L老师意识到,提高学生在汉语课堂上学习汉语的兴趣,提升学生课堂教学活动的参与度,增加学生运用汉语进行交际的数量和频度,是亟待解决的问题。为了解决这些问题,L老师查阅了大量国内外文献,在网上搜索相关视频进行学习。最终,L老师决定引入TPRS教学法。为了更好地学习该教学法的相关理论、教学模式和教学技巧,L老师还专门参加了与TPRS教学法相关的主题培训会议,对该教学法在第二语言课堂上的具体实施有了一定的了解。经过一番学习和总结后,L老师对该教学法应用于海外汉语教学已经做到了心中有数。TPRS教学法主要围绕"三步走"模式展开。

第一步:词汇教学,理解掌握

第一步主要运用"全身反应法"进行词汇教学。理论上讲,学生可实现新词语有效习得的最大数量是三个。而L老师所使用的教材并非为TPRS教学法量身打造的教材,所以,真实情况是每课的新词语数量远超三个。TPRS教学法要求学生所得到的语言输入必须是百分之百可理解的。因此,L老师必须先向学生充分讲解当节课的词汇和短语,让学生对新学的词语有所理解,以保证后续教学活动的开展。这也体现了"掌握学习理论"中提出的"学生必须达到预定的掌握水平才能进入下一个单元"①。快速高效地实现学生对新知识的完全掌握,可以帮助学生树立自信感,增强其自尊,促进后续学习中对新知识的理解性吸收。也只有提供更多真正的可理解性的输入,才能充分发挥学习者的主观能动性,使其能够推断输入的内容,从而正确理解输入内容,确保学习的效果。

第二步:师生协作,创造创新

"故事构造"是 TPRS 教学法的核心环节。根据 TPRS 教学法的原则,教师只需提供一个故事构造所用的基础框架,然后由学生直接参与故事的内容创造和细节填充,在"以学生为主体,以教师为主导"的教育理念指导下,利用已掌握的目的语词汇和短语,教师通过循环提问,即可与学生合作构筑故事语篇。在该过程中,教师只提供适当的帮助、引导和纠正。其中,教师最常使用也最有效的手段是个性化的提问和回答(Personalized Questions and Answers,以下简称 PQA),针对特定学习者(或学习者群体)、围绕着目标语言结构(Target Language Structures)设置问题。这样的形式也正体现了 TPRS 教学法的个性化,让学生有更多的参与感,能够投入汉语课堂中。此外,内容上,要求故事简短有趣,且要尽可能地涵盖上下文所使用的词汇或短语的多个实例,通过循环提问,提高目的语语言知识和结构的复现率,确保学生熟练掌握相关词汇和短语的意义和用法。

在完成基本的故事构造以后,教师还可以让学生进行简要的故事复述。在复述过程中,注意启发、鼓励和引导学生自行

---

① 　Davis D, Sorrell J. Mastery Learning in Public Schools[D]. New Jersey:Caldwell college,1995.

纠错,培养其汉语语感。形式上,可采用双人合作或小组合作的形式,也可鼓励学生以演讲的形式在讲台上进行故事复述。同时,准备一些小奖品奖励给表现优秀的学生,使其在汉语学习中获得更大的成就感。

第三步:多样阅读,温故知新

"温故知新"是一种被无数学习实践证明了的高效的学习方法。TPRS教学法创设了多样化的阅读方式。除了最常见的"课堂阅读""泛读",还有"共享阅读"和"家庭作业阅读"等。共享阅读,即要求教师带入图画书,并在课堂上为学生朗读,之后要通过循环提问等方式使文本变得易于理解。家庭作业阅读,就是为学生指定阅读材料(纸质材料或视频材料均可)。TPRS教学法要求面向学习者的所有读物都应该是学生能够理解的,即要求阅读文本中的绝大多数词汇都应是学生已经熟练掌握的。

阅读环节实际上由"阅读"和"讨论"两部分组成。阅读方面,以课堂阅读为例,教师要根据教学内容和学生对词汇、短语的掌握情况,提前把相关阅读材料准备好,以供学生课上阅读。在阅读开始之前,教师一般要带领学生复习已学过的词汇和短语。在阅读过程中,教师要注意通过朗读和翻译等手段引导学生巩固对阅读文本内容的理解,同时也可检验学生的理解程度。讨论方面,话题的选取有相当的灵活性:除了可以询问与阅读文本相关的问题外,还可以从学生的日常学习和生活中选材,总之,要确保学生参与讨论活动的兴趣和积极性。

此外,教师还可综合对比观察学生讨论的情况及其对阅读材料的理解情况,再对所学的语言知识做查漏补缺式的针对性复习教学。

二、TPRS 教学法在汉语作为第二语言课堂教学中的应用

(一)教学设计

L 老师按照 TPRS 教学法的教学原则,从汉语教材《快乐汉语》中适当选取了部分内容,运用 TPRS 教学法进行了教学设计。以《快乐汉语(第二册)》(李晓琪、罗青松编著,人民教育出版社,2014 年)第四课"我的房间"为例,如表 1 所示。

表 1 《快乐汉语(第二册)》第四课教案设计

项　　目	内　　容
教学主题	第四课　我的房间
教材	《快乐汉语(第二册)》
课型	初级汉语综合课
课时	4 个课时(45 分钟/课时)
教学目标	词汇:桌子、椅子、沙发、书架、客厅、床、灯、上、里、书 语法:……里(上)有……
故事架构	×××的家不大,家里有一个房间和一个客厅。×××的房间里有桌子、床和灯。他的房间里没有书架,也没有书。客厅里有沙发、书架和桌子,书架上有书,因为×××的爱好是看书
学生阅读材料	Justin Bibber 的家在美国。他家很大,有六个房间,一个厨房和两个客厅。他的房间里有桌子、椅子、书架和床。他的桌子上有电脑,因为他的爱好是电脑游戏。他家的客厅不大,客厅里有电视、灯和沙发,没有桌子。Justin Bibber 的女朋友很喜欢小猫,所以沙发上有一只小猫
随堂测试	1.当堂测试:词汇、句型掌握情况 2.阅读材料故事复述

（二）教学实施

1.词汇教学

（1）教学方法：全身反应法。

（2）教学内容：①实物名词：桌子、椅子、客厅、沙发、书架、床、书。②方位名词：上、里。

（3）教学说明：词汇教学服务于"建立语言符号形式与意义之间的联系"的阶段目标，利用教室中相关实物以及图片展示教授实物名词，比如桌子、椅子等；以手势语展示教授方位名词，比如食指上指并做反复上浮动作即代表"上"。

另外，词汇教学环节要适时进行当堂测试（如"生词的中英对译"等），直至学生的词汇掌握情况达标（正确率不低于80%）后，才能进入下一环节。高频词汇如表2所示。

表 2　高频词汇表

汉字	拼音	英文释义
有	yǒu	have
想	xiǎng	want
是	shì	is
在	zài	in；on；at
去	qù	go
谁	shuí	who
和	hé	and
什么	shénme	what
哪儿	nǎr	where
因为	yīnwèi	because
所以	suǒyǐ	so
还是	háishì	or
为什么	wèishénme	why

教学实例一：课堂导入

（T：教师　　S：学生）

T：猜，GUESS，这是谁的家？（L 老师展示图片）

S：我，莫凯，成龙……（L 老师从中选一个大家普遍感兴趣的人作为故事主角）

T：对，这是成龙(Jackie Chan)的家。

S：Oh~（表示理解的语气，在整个课堂过程中，如果老师说了一个陈述，要求学生通过回答一个感兴趣的表达来表明他们理解，比如"哦!"或"Aaaaah"。如果老师提出问题，那么学生就回答这个问题。）

T：成龙的家里有一个客厅和一个房间，对吗？

S：对。（此处不强制要求说出完整句子，学生理解即可）

T：很好，成龙的家里有一个客厅和一个房间。（"个"作为量词已经在之前的课文中学过，如果学生不理解，教师可用"弹出式语法"(POP-UP，即教师针对阅读中的语法点在 5 秒或更短的时间内做出简短的解释)的方法进行快速复习，帮助学生理解句子）

S：Oh~

T：刚才，我说了什么？ What did I just say? （课堂话语）

S：Jackie Chan's house has one living room and one room.

T：很好。（L 老师点头鼓掌，肯定学生的答案，鼓励学生继续积极参与问答。同时再强调一下汉语词语"里"与英语词语"in"的不同）

完成以上课程导入环节后，即引出本课目标句：成龙的家里有一个客厅和一个房间。

2．循环提问

"循环提问"其实是一种"搭脚手架"技术，可涉及从低难度到高难度询问的系统性问题。通过这一轮的循环提问，"客厅""家里"等词语的重复次数会达到30次以上，在巧妙而有效地完成每一部分的循环提问时，其实也就实现了多个"伪装"的目标语言结构重复。通过大量的重复，向学生提供可理解性输入信息。

针对实物名词"客厅""房间"以及方位名词"里"展开循环提问以巩固学生对其意义与用法的掌握。L老师经常使用以下五类问题：

（1）"YES Question"，即学生需要说出肯定回答的问题，比如："成龙的家里有一个客厅和一个房间吗？"

（2）"NO Question"，即需要学生否定的问题，比如："成龙的家里有一个客厅和三个房间吗？"或是"成龙的家里有一个客厅和一个厨房吗？"等等。

（3）"OR Question"，即需要学生做出判断和选择的句子，比如："成龙的家里有一个客厅还是两个客厅？"或"成龙还是×
××的家里有一个客厅和一个房间"或"成龙的家里有一个客厅还是一个厨房？"等等。

（4）" WH-Question"，即特殊疑问句，比如："谁的家里有一个客厅和一个房间？""成龙的家里有什么？""成龙的家里有几个客厅和几个厨房？"等等。

教学实例二：循环提问

T：成龙的房间里有桌子吗？（重音放在"桌子"上，L老师手指图片中的"桌子"，提示学生根据图片回答）

S：成龙的房间里有桌子。

T：对，成龙的房间里有桌子。成龙的房间里有灯吗？（重

音放在"灯"字上）

　　S:成龙的房间里有灯。

　　T:很好,成龙的房间里有灯。成龙的房间里有床吗?（重音放在"床"字上）

　　S:成龙的房间里有床。

　　T:成龙的房间里——

　　T:对。成龙的房间里有沙发吗?

　　S:Emm,不（因学生水平不高,还不能在第一反应就直接用"没有"）

　　T:对,成龙的房间里没有沙发。（重音放在"没有"上,增强反馈）

　　S:Oh。成龙的房间里没有沙发。

　　T:成龙的房间里有书架吗?

　　S:没有。

　　T:很好,成龙的房间里没有书架。成龙的房间里有书吗?

　　S:成龙的房间里没有书。

　　T:成龙的房间里没有书架,也没有书。（重音放在"也"上,复习之前学习的知识点。学生若不明白,可以快速用英语提示）

　　S:Oh～

　　T:What did I just say?

　　S:Chenglong's room doesn't has bookshelf, and also doesn't has book.（由于还不是很熟练,学生喜欢逐字翻译组合成句,结果,说出来的英文通常不太规范甚至不太正确。）

　　T:成龙的房间里有什么?

　　S:桌子、床、灯。（学生的回答可能参差不齐,通过回答使用单个单词或简单短语,学生可以将注意力集中在要学习的单词上）

T：对，成龙的房间里有桌子、床和灯。（重音放在"房间里"与"和"字上）

S：Oh～

T：客厅里有床吗？

S：没有。

T：对，客厅里没有床，房间里有床。

S：Oh～

T：客厅里有沙发吗？

S：对，客厅里有沙发。

T：很好，客厅里有沙发。客厅里有椅子吗？

S：有，客厅里有椅子。

T：很好，客厅里有椅子。客厅里有书架吗？

S：有，客厅里有书架。

T：对，客厅里有书架，书架上有书吗？

S：有。

T：很好，书架上有书。书架上有灯吗？

S：没有。

T：非常好，书架上没有灯，书架上有什么？

S：书架上有书。

T：对，书架上没有灯，书架上有书，因为成龙的爱好是看书。

S：Oh～

T：What did I just say?

S：There are no lamp on the bookshelf, on the bookshelf has books, because Jackie Chan's hobby is reading books.

T：很好。客厅里有沙发、书架和椅子，书架上有书，因为成龙的爱好是看书。（此时，老师可随机点一名学生检查词汇的有意识记效果，可以让学生稍感一点点压力，更加专注，也可以验证学生是否理解。)

T：Now, let's review the whole story. I speak one time, then at the second time, follow me one by one sentence and translate them, OK？成龙的家不大，家里有一个房间和一个客厅。成龙的房间里有桌子、床和灯。他的房间里没有书架，也没有书。客厅里有沙发、书架和椅子，书架上有书，因为成龙的爱好是看书。(L 老师在"故事总结"环节时的语速特别慢，并适当延长关键词的发音，同时在黑板上写出相关词语，帮助学生认读。最后，引导学生跟着教师一起复述故事，说一句，翻译一句，确保学生理解整个故事)

3.故事复述

随着故事的逐步推进，L 老师开始鼓励学生参加故事表演，在表演过程中，巩固学生对词汇、句子及整个故事(篇章)的理解性记忆，保证足量的可理解性输入。同时，还原故事中的事件和细节，辅以提问、提示等手段促进学生目的语表达能力的提升，鼓励其创造性地运用目的语进行表达。接下来，L 老师又设计了一个阅读文本。该文本内容贴近学生的生活和喜好，诙谐有趣，同时涉及"故事建构"环节所使用的短语和句型，目的是让学生尝试灵活运用已掌握的故事表达框架进行新的故事创造，激发其利用目的语进行故事讲演的兴趣，增强语言学习获得感。

L 老师的阅读环节使用"课堂阅读"的模式，在对本节课阅读文本所涉及语法现象和句型结构进行充分讲解和简单小结后，依然采用"故事复述"的方式加深学生对故事文本的理解性记忆。与"故事表演"不同的是，本次活动要求学生努力回忆起文本中每个故事细节及其所用的具体词汇和句子。在此过程中，学生往往可以体现出很好的目的语创新、创造能力。

教学实例三：故事复述

T：Who is the main character in our story?

S：Justin bibber.

T：很好，and then?（通常在学生熟悉规则后能够顺利复述开头。如若有问题，L教师就出示美国国旗或首句中的目标词汇的相应肢体动作进行提示。）

S：Justin bibber 的家在美国。

T：（L教师竖起大拇指，表示肯定，示意继续。同时做出"家"的手势动作，接着双手张开、拉开到最大做出"大"的动作。）

S：他家很大，有六个房间、一个厨房和两个客厅。（L教师按顺序展示房间构造照片，并以手指提示个数，辅助学生复述。）

T：他房间里有什么？（展示桌子、椅子、书架和床的图片。）

S：他的房间里有桌子、椅子和书架和床。（部分学生在此环节运用"和"会出错。）

T：他的房间里有桌子、椅子、书架和床。（在"和"字上加重语气，运用弹出式语法进行快速解释。）Repeat!

S：他的房间里有桌子、椅子、书架和床。

T：很好！他的桌子上有什么？（L教师左手举起桌子的卡片，右手将电脑的卡片放在桌子上方。）

S：他的桌子上有电脑。

T：为什么他的桌子上有电脑？（在说疑问词时，L教师指向教室中已张贴的词"why"。）

S：（因为）他的爱好是电脑游戏。

T：OK，next，let's talk about the living room. 他家的客厅大吗？

S：他家的客厅不（很）大。

T：客厅里有什么？（出示电视、灯和沙发的图片。）

S:客厅里有电视、灯和沙发。

T:有桌子吗?

S:(没)有桌子。(部分学生回答不正确,L 教师用双手做×状,提示回答错误的学生进行纠正。)

T:Justin Bibber 的女朋友喜欢什么?

S:Justin Bibber 的女朋友喜欢小猫。

T:所以……(L 教师左手举起沙发的卡片,右手将小猫的卡片放在沙发上方。)

S:沙发上有一只小猫。(此环节学生回答参差不齐,L 教师发问"沙发上有什么"。)

(三)教学反思

结合学生的课堂表现和学生的课后访谈反馈,L 老师认为,TPRS 教学法在活跃课堂气氛、提高学生的课堂参与度和开口率以及促进学生目的语的创造性表达等方面的效果是值得肯定的。但也有学生认为,应适当增加口语表达环节的操练,争取提升每位同学的开口率。因此,L 老师在后续的教学活动设计中做了一些改进。

TPRS 教学法中并不包括写作教学,所以,还需要汉语教师按需灵活引入并创新课堂教学模式,正所谓"教学有法,教无定法",努力实现多种教学法的有机结合,应是广大青年汉语教师们的共同信条。

三、TPRS 教学法的进阶

针对课堂上出现的问题,L 老师通过组织小组活动和创新写作教学模式以使 TPRS 教学法在课堂上取得更好的实践效果,在保证学生学习积极性的基础上,提高学生汉语水平。

（一）改进课堂提问方式——"循环提问"分组活动

前期的课堂教学反馈显示，L老师的课堂上存在两个主要问题：一是学生开口率不均衡；二是循环提问环节枯燥。究其原因，L老师的提问是面向全体学生的，而回答方式则是学生自愿的，难以照顾到包括性格有点内向、课堂上容易走神的学生，久而久之，必然产生全体学生汉语水平的两极分化。有鉴于此，在循环提问环节，L老师采用分组模式。一段时间后，各组的汉语学习热情和成绩都得到了较明显的提升。同时，为提高分组教学的效率，在完成1—2轮的集体循环提问后，统一按照"小组讨论→逐个回答"的模式开展活动，这样既活跃了课堂气氛，又普遍降低了学生的情感过滤作用，缓解了学生的压力，激发了学生的课堂参与动力，提高了平均开口率。

（二）创新写作教学模式——"故事复述"书面结合

对于绝大多数非汉语母语者而言，写作无疑是最具挑战性的学习项目，L老师的学生也普遍存在畏难情绪。主要表现为句子结构机械性重复和内容单调乏味，集中体现出学生的应付式学习。鉴于此，L老师决定降低写作任务的难度，内容上，由原来的"命题写作"和"看图写故事"的形式改为把课堂"故事复述"环节即口头表达形式转换为书面形式的写作。这不仅降低了学生的写作难度，还能实现对阅读材料内容的进一步吸收，促进课堂知识的内化。从易到难，刻意培养学生的写作素材积累意识，训练其汉语思维方式，以提升学生的汉语写作综合能力。

教学实例四：调整优化

本实例主要展现了循环提问环节的实践过程以及调整后的写作教学设计。其他环节保持不变，故不再赘述。《快乐汉语（第二册）》第七课教案设计如表3所示。

表 3 《快乐汉语(第二册)》第七课教案设计

项　目	内　容
教学主题	第七课　你买什么
教材	《快乐汉语(第二册)》
课型	初级汉语综合课
课时	4 个课时(45 分钟/课时)
教学目标	词汇:买、水、点心、斤、瓶、东西。 语法:量词"斤"和"瓶"、连词"和"、助动词"要"
故事架构	明天星期六,×××要去商店。×××要买很多东西,TA 要买一斤点心、两瓶牛奶和一瓶水。×××很喜欢吃水果,TA 还要买两斤草莓和四斤芒果
学生阅读材料	Diego 家对面有一家超市,他想去买水果和菜。他家有八口人和一只猫,他要买很多东西。他要买两斤苹果、四斤香蕉和一大瓶牛奶。他很喜欢吃肉,不喜欢吃海鲜,但他的猫很喜欢吃鱼,所以他还要买三斤牛肉和一斤鱼
随堂测试	1.课堂词汇、句型掌握测试 2.阅读材料故事复述

在故事构建环节,针对知识点量词"斤"和"瓶"的循环提问,L 教师按原形式进行第一轮操作,所使用的问题如表 4 所示。

表 4　第一轮循环提问问题设置

项　目	内　容
目标句	华美要买一斤点心、两瓶牛奶和一瓶水
①YES Question	华美要买一斤点心吗?
	华美要买两瓶牛奶吗?
	华美要买一瓶水吗?
	华美要买一斤点心、两瓶牛奶和一瓶水吗?

续　表

项　目	内　容
②NO Question	他要买两斤点心吗？
	华美要买一瓶牛奶吗？
	华美要买三瓶水吗？
	华美要买一斤点心、三瓶牛奶和两瓶水吗？
③OR Question	她要买一斤点心还是两斤点心？
	她要买一斤点心还是一斤苹果？
	她要买一瓶牛奶还是两瓶牛奶？
	她要买两瓶牛奶还是两瓶水？
	华美还是依娜要买一斤点心、两瓶牛奶和一瓶水？
④WH-Question	华美要买什么？
	谁要买一斤点心、两瓶牛奶和一瓶水？
	华美要买几斤点心？
	华美要买几瓶牛奶？

　　第一轮循环提问结束后，L 老师把学生随机分为两组。每位成员都得到一张小纸条，每张纸条上写有一个问题（见表 4）。要求每组学生在拿到纸条后的有限时间内，分别就组内成员手上的问题开展小组讨论。讨论结束后，两组交换纸条后，再进行新一轮讨论。两轮讨论结束后，教师开始就纸条上的问题进行随机提问，正确作答的组员将得到小组积分。

　　为保证课堂节奏和提问效果，在第二轮循环提问时，L 老师采用两组交替随机提问的方式，激发学生的集体荣誉感，促进小组成员间互帮互助，共同进步，也能有效缓解学生因等待过久而对课堂产生的厌倦情绪，保证每位学生都能够专注于课堂。第二轮循环提问问题设置如表 5 所示。

表5 第二轮循环提问问题设置

项　目	内　容
目标句	华美很喜欢吃水果,她还要买两斤草莓和四斤芒果
①YES Question	华美还要买两斤草莓吗?
	华美还要买四斤芒果吗?
	华美很喜欢吃水果吗?
②NO Question	华美很喜欢吃海鲜吗?
	华美还要买一斤草莓吗?
	华美还要买四斤苹果吗?
③OR Question	她还要买一斤草莓还是两斤草莓?
	她还要买一斤芒果还是四斤芒果?
	她还要两斤草莓还是两斤芒果?
④WH-Question	华美还要买什么?
	谁很喜欢吃水果?
	华美还要买几斤芒果?

在写作教学方面,L老师决定从易到难,先培养学生的写作兴趣,引导学生把写作视为阅读材料内化和素材积累的过程,而非句式结构的机械反复运用和篇章字数达标。为此,L老师将传统的写作形式调整为课堂上"故事复述"环节内容口头形式的书面化。

实践证明,该方案对检验学生对故事整体的把握和具体句子结构的掌握情况是相当有成效的。

通过将TPRS教学法应用到海外汉语课堂,L老师获得了一些感悟:

1.坚持"以学生为中心,以教师为主导"的教育理念,鼓励学生主动参与课堂教学活动；

2.在小组或集体活动中也要注重对个体的肯定,以增强学生的自信心,激发其学习动力,拉近师生之间的距离；

3.相比于教师对学生进行知识点的大量灌输,可理解性输入和学生有效的内化更为重要；

4.任何教学法从来都不是照搬来就能用的,应结合具体问题做到"因地制宜,因材施教"。

案例思考题

1.在汉语作为第二语言课堂教学中,你是怎么教授词汇的？

2.在本案例中,主要运用了什么教学技巧为学生提供大量可理解输入？

3.结合案例,谈谈你对"TPRS教学法"的认识和看法。

4.本案例中对 TPRS 教学法的应用,你认为对汉语课堂教学有什么启示？

5.TPRS 教学法是否适合长期使用？ 如果不能,应当如何改进？

案例使用说明

1.适用范围

(1)适用对象:汉语国际教育专业本科生或硕士研究生,孔子学院教师或志愿者,汉语教师。

(2)适用范围:初级汉语综合课。

2.教学目的

(1)了解对外汉语教学课堂上会发生的问题,并予以解决。

(2)了解 TPRS 教学法的相关理论和教学模式。

（3）结合课堂效果完善 TPRS 教学法在对外汉语教学上的使用。

（4）获得 TPRS 教学法的教学设计和实践的相关经验。

3.关键要点

（1）相关理论

TPRS 教学法、语言输入假说、情感过滤假说、掌握学习理论。

（2）关键知识点

TPRS 教学法概念的理解、TPRS 教学法教学模式的学习。

（3）关键能力点

研读教材的能力、故事编写的能力、教学设计的能力、教学反思的能力。

（4）案例分析思路

通过对 TPRS 教学法的介绍,了解 TPRS 教学法的基本理念和教学模式;通过对 TPRS 教学法在对外汉语课堂上的应用与分析,了解它在对外汉语教学课堂上的效果和作用;通过对 TPRS 教学法教学模式的反思,改进教学模式以提高每一教学环节的效果,并为教师使用 TPRS 教学法提供借鉴。

4.教学建议

（1）时间安排:中小学标准课 4 节,共 180 分钟。

（2）环节安排:词汇意义的构建→故事内容的编写→小组学习与讨论→阅读材料的理解和复述展示→结合课堂内容的写作→教师点评。

（3）适用班型:小班教学(20 人以内)。

（4）组织引导:教师提前根据学习内容中的词汇要求进行手势构想,以及故事框架的构建,准备好课本外阅读材料和适合学生写作的主题。

（5）活动设计建议：

①不具备 TPRS 教学法配套教材的，教师需在课前结合教学内容进行详细的教学设计。

②提前在教室内张贴好教学过程中可能会提及的学生所需要学习的课外生词。

③在准备阅读材料时，一方面要保证文中涉及的词汇大都为学生已掌握的，另一方面在内容选择上尽量要生动有趣、丰富多样，可以贴近生活也可以介绍文化等。

④小组活动时既要有集体奖励，也要有个人奖励。

⑤在教学过程中，教师要注意观察学生表现（有条件的可以录制视频）；在教学结束后对学生进行访谈，分析学生测试成绩，帮助教师及时了解教学效果，并做出相应的改进以提高教学效果。

5.推荐阅读

[1] 葛艳. TPRS 和非 TPRS 教学[J].校园英语(教研版)，2011(1):38-38.

[2] 刘贾祎. TPRS 教学法初探[J].长春理工大学学报，2009(2):180-181.

[3] 秦莉. TPRS 教学法可理解性输入分析[J].吉林化工学院学报，2018(2):42-45.

[4] ASHER J J. Learning another language through actions[M]. 6th Edition. California: Sky Oaks Productions Inc, 2000.

[5] BRUNE KM. Total physical response storytelling: An analysis and application[D]. Eugene:University of Oregon,2004.

赴非新手汉语教师教学焦虑及缓解策略[*]

赴非新手汉语教师教学焦虑及缓解策略[*]

马洪海　　黄升萍

摘　　要：该案例针对赴非新手汉语教师的焦虑表现，利用问卷调查和访谈的方式分析新手汉语教师教学焦虑的特性和内容，探究其焦虑产生的根源。研究表明，新手汉语教师的教学焦虑受到教师自身、学生、教学环境、人际关系以及文化差异等多方面因素的影响。该文从以下两个方面提出缓解教师教学焦虑的策略。一是教师个人层面：学习有关的专业知识，提高自身专业素养；在工作中提高教师自我效能感；积极与他人进行沟通交流，融入当地文化；主动向他人学习；了解自己的教学焦虑，找到有效的宣泄方式；警惕微小病症，积极防蚊防虫。二是汉办和孔院层面：加强新手汉语教师的岗中培训以及给新手汉语教师提供必要的物质帮助，增强人文关怀。

关键词：赴非新手汉语教师；教学焦虑；焦虑因素；缓解策略

Teacher Anxiety and Coping Strategies for Novice Chinese Language Teachers in Africa

Abstract：This case study focuses on anxiety among novice Chinese language teachers in Africa. It analyzes the characteristics

＊　作者简介：马洪海，男，河南正阳人，浙江师范大学国际文化与教育学院教授，博士生导师，文学博士。黄升萍，女，广西贵港市人，浙江师范大学国际文化与教育学院 2017 级硕士研究生。

and content of the teacher anxiety experienced by novice Chinese language teachers and explores the sources of their anxiety based on questionnaires and interviews. Research has demonstrated that novice Chinese language teachers' teaching anxiety is influenced by many factors including the teachers themselves, their students, the teaching environment, interpersonal relations, and cultural differences. This study proposes strategies for alleviating novice teacher anxieties related to teaching at two levels of professional activity. One is at the level of the individual teacher. Novice teachers should study relevant profession knowledge and enhance their professional achievements. They should improve their sense of self-efficiency in their work. They should actively communicate with others and integrate into the local culture. They should take the initiative to learn from others. They need to understand their teacher anxieties and find ways to effectively reduce those anxieties. They need to take precautions against minor diseases and actively protect themselves from mosquitoes and other incents. The other is at the level of the Hanban and the Confucius Institute. They should strengthen in-service training for novice teachers, provide them with necessary material assistance, and strengthen their humanistic care.

Key words：Novice Chinese language teachers going to Africa；Teacher anxieties related to teaching；Anxiety factors；Relief strategies

背景信息

关于教师的教学焦虑，美国克雷顿大学教授加德纳和里克（Gardner & Leak，1994）给出了比较明确的定义，他们把"教师的教学焦虑"定义为"一种涉及教师在准备与执行课堂活动时经历的焦虑"①。根据这个概念,教师的教学焦虑主要体现在教学前和教学中两个过程。教学焦虑的表现形式因人而异,大多表现出不安、担忧的情绪,其外显症状可能是失眠、食欲不振、不想外出以及缺乏交际欲望等。

本案例的研究对象主要是 Y 大学的学生,少数为其他高校学生。他们大多是刚毕业或处于实习阶段的本科生或研究生,教龄都在一年以内。Berliner(1988)认为"师范院校实习生或从事教学第一年的教师"②为新手汉语教师,本案例沿用该说法。由于 Y 大学与喀麦隆、坦桑尼亚、莫桑比克三个非洲国建立了合作关系,该校大多数汉语国际教育专业的学生选择了这三所孔子学院(以下简称"孔院")作为汉语教学实习地点。本案例的研究对象是上述三所孔子学院的新手汉语教师(赴非汉语教师志愿者)。

本文认为,国际汉语教师与在国内教授汉语的对外汉语教师不同,其教学地点主要在海外,即在非汉语语言环境中教授汉语。在全球范围内推广汉语、传播中华文化是广大国际汉语教师的光荣任务和时代使命。但是,经了解,这些新手汉语教师在面对班里的外国学生时,大多数表现出更多的焦虑。经调查,除了一些显性的焦虑表征(如脸红、不知所措等)之外,更多的焦虑则是源于内外的多重压力。众所周知,国际汉语教师不

① Gardner L E & Leak G K. Characteristics and correlates of teaching anxiety among college psychology teachers [J]. Teaching of Psychology,1994(1):28-32.

② Berliner D. C. The development of expertise in pedagogy[C]. Charles W. Hunt Memorial Lecture, paper presented at the annual meeting of the American Association of Colleges for Teacher Education,New Orleans,1988:8-12.

仅要在异文化环境中处理好千头万绪的教学工作，而且还要尽快适应当地的社会生活。这对初涉汉语教学领域的新手汉语教师们来说，无疑是一项巨大的挑战。

我们通过课堂观察和访谈的方式调查了解到，大部分赴非新手汉语教师出现过教学焦虑，而且对新手汉语教师的海外教学和生活产生了不小的影响。面对自身的教学焦虑，根据以往上课时紧张的经历，新手汉语教师主要采取"听课""花更多的时间备课"以及"讨好学生"这三种策略应对焦虑，但效果并不理想，不少新手汉语教师依旧深受其扰。

对此，我们通过问卷调查以及进一步的访谈，分析赴非新手汉语教师的焦虑内容和特性，探讨焦虑产生的根源。以往文献显示，前人对新手汉语教师的教学焦虑研究大多是不同地区（或国家）的教师，我们把非洲地区与其他地区新手汉语教师的教学焦虑进行了比较研究，发现由于非洲特殊的社会和文化环境，非洲地区新手汉语教师的教学焦虑有其特殊性。结合问卷调查和访谈的结果，我们针对赴非新手汉语教师这一特定地区的特定群体提出了缓解教学焦虑的策略建议，以期为未来广大赴非新手汉语教师在当地处理好工作与生活的关系、提升汉语教学质量提供帮助。

案例正文

一、教学焦虑的种种表现

通过观察和访谈，我们发现，赴非新手汉语教师的教学焦虑集中表现在以下方面：担心准备不够充分，备课花费时间过长；课前过分注重自己的形象；第一堂课过于紧张，课堂管理混乱；课堂语言使用不当；回应学生提问受挫；课堂反馈难以把握等。下面拟针对上述表现进行分析。

(一)备课时间过长

由于本身教学经验不足,大多数新手汉语教师会选择在课前做好充分的教学准备,以期授课顺利进行。通常情况下,新手汉语教师会花费两个小时以上的时间备课,其备课内容也往往非常详细,比如某个生词具体的讲解顺序和方式、板书排列、拓展词语以及例句等。更有教师表示,自己备课通常要备三遍,即第一遍是自己备课,第二遍是参考网上或者教师用书里的对某一教学内容和方法的建议,从而对这些内容进行补充或删减,第三遍则是针对自己存在疑问的地方或不确定的某部分内容向同事求教,最后再进行补充。此外,也有教师表示,自己在备课时,会预设课堂上学生可能提出的问题并写下解决预案。有意思的是,几乎所有的受访教师都表示,自己在备课时会多准备一些上课内容,以免出现上课时没有内容可讲的情况,比如多准备一些操练方法和练习内容,提前准备好下一节课要讲解的生词,等等。

> 教师 SXX:"上课前一晚以及上课前 15 分钟必须再看一遍备课的内容,不然我心里不安。"
> 教师 SDN:"上课前我总要先看看别人的教案设计,再上网查阅与课文中相关的文化知识,如果我没有想好课堂活动,我会多咨询几个老师。"

新手汉语教师往往会担心自己在课堂上会把应当讲授的内容遗漏,再者就是对自己的教学方法是否恰当感到不自信,担心自己讲解不够准确,学生不能完全听懂,等等。因此,备课过程中,经常会出现重复讲授某一语言点的现象,感觉时间不够用。

（二）课前过于顾虑自身形象

出于对课堂的尊重，教师上课时多选择稍微正式的衣着。新手汉语教师主要以女性居多，她们表示更担心学生从外表上判断自己不够专业，所以需要花费较多的时间在衣着打扮上，过于关注自己的形象。

　　教师 CJ 表示："在发型上我会提前洗头梳理，不让头发产生异味，其他如皮肤状态、唇色、指甲盖等细节我也会留神。"

　　教师 CHL 表示："由于担心学生觉得我是没有经验的教师，我告诉学生我今年 30 岁。平时着装也偏成熟、严肃。"

（三）尴尬的第一堂课

教师对自己的第一堂课的印象往往比较深刻，大部分新手汉语教师对自己第一堂课的表现并不满意，担心给学生留下不好的印象，甚至有些教师坦言，第一堂课给自己留下了阴影，以致更加害怕上课。

　　教师 WYT 表示："进入教室那一刻，我就开始紧张了。上课时，我能感觉到自己的声音在抖，当时心里非常担心学生看出来我是新老师。"

　　教师 CY 表示："我希望第一堂课不要出什么差错，所以在课前做了很多准备。但上课时，我的语速比我平时说话快很多，一个小时就讲完了原本要讲两个小时的课程，剩下的一个小时都用来复习了。"

　　教师 LTT 表示："第一节课在给学生取汉语名字

的环节遇到了不少问题。不同的学生对取名字有不同的要求,有些学生要求将自己的名字翻译成汉语,有些学生不满意备选的名字,有些学生不愿意取汉语名字。取名字环节浪费了不少时间,且最终还是有学生对自己的名字表现出不满情绪。"

(四)课堂管理缺乏良策

对于新手汉语教师而言,课堂管理也是教学难题之一。新手汉语教师们往往不知道如何及时并妥善处理学生在课堂上不遵守课堂纪律、扰乱课堂秩序的行为。

访谈得知,大部分新手汉语教师都遭遇了课堂管理的难题。面对学生课堂开小差和课堂意外事件,新手汉语教师有时也不知道如何应对。而对于学生严重的迟到甚至逃课问题,几乎所有的教师都感到茫然无措。

教师 WDY 说:"一个月过后,很多学生便想放弃汉语,学生流失很大,我不得不一一联系希望他们继续来上课,每节课我都担心没有多少个学生来上课。"

教师 FYF 表示:"我正上着课,迟到的学生就这么若无其事地走进来,迟到对他们来说好像是习以为常的事,不论我怎么强调都没用,过了一段时间还是继续有人迟到。"

教师 CMX 表示:"一个班有 100 多个小朋友,十分吵闹,上课全靠吼。他们在课堂上开小差的方式有千百种,很多学生经常举手出去上厕所,我也不能说不让出去,尽管我知道很多学生都是想出去玩儿……"

（五）课堂话语使用不当

课堂话语的使用不当也是新手汉语教师们在课堂上的焦虑表现之一。面对汉语零基础的学生,新手汉语教师的课堂过于依赖英语,甚至出现整堂课都用英语作为教学语言的现象。此外,教师们在课堂中经常使用"然后""嗯"之类的口头禅。面对汉语有一定基础但仍处于初级水平的学生,由于不太熟悉学生的汉语水平,新手汉语教师们又往往会担心自己的教学语言难以理解或者是过于简单。

教师 GQQ 说:"听课的老师评价我的汉语课为英语课,而且我一节课竟然说了 20 多个'然后'……"

教师 LM 说:"我的学生虽然已经通过 HSK 一级考试,但大多数人都达不到一级汉语的水平,一个多月后,学生才纷纷表示经常不明白我在说什么。"

（六）回应学生提问受挫

学生提问是一种很常见的课堂行为,也是学生与教师的一种重要的互动方式。由于事先并不知道学生提问的时间以及内容,学生的课堂提问具有一定的不可预测性。经过访谈得知,面对学生的突然提问,大多数新手汉语教师都有过"无法当堂作答"的经历。新手汉语教师们表示,不少学生因是首次接触汉语和中国文化而感到好奇,提问次数自然也较多。有时,有些学生的问题很难解释,一般情况下如果三言两语解释不清楚或者学生听不明白的话,教师一般会采用"等我们以后学到这个知识点的时候再解释"之类的说法。

教师 HJH 表示："有些知识我自己都不太明白，更别说是和学生解释了。有一次上汉字课，学生问汉字是怎么产生的？中国有多少个朝代？我一下子就慌了。"

教师 LJR 表示："比如有一次一个学生问我'老师，中国人为什么喜欢吃虫子？我在 YouTube 上看到中国人喜欢吃很奇怪的东西。'他说完后，其他学生纷纷附和，然后就在课堂上讨论起来了。尽管我只是简单地回答，并说明我们下课后继续讨论，但是课堂气氛明显变得有些沉闷了。学生的注意力很久都回不到汉语学习上来。"

(七)频繁要求学生反馈

通过课堂观察得知，在授课过程中，新手汉语教师倾向于频繁要求学生及时反馈，经常会问学生"明白吗""听懂了吗"这样的问题。对此，一些新手汉语教师表示，自己需要学生的及时反馈以确定课堂内容是否被理解，这是面对内心教学焦虑的潜意识行为。后经访谈得知，这种频繁要求学生反馈的现象在新手汉语教师汉语课堂中较为普遍。

教师 NYW 说："每讲完一个知识点，都要问一次学生是否听明白了。一旦没人回答或者有人说听不明白，我都要反复确认直到我听到肯定的答案。"

教师 SXX 说："有时学生互动积极性不高。问这样的问题，至少我能确定他们是否听懂了或者缓解一下课堂沉闷的气氛。"

二、应对教学焦虑的误区

经采访,大多数新手汉语教师们将"经验不足"以及"对教学内容理解不透彻"视为教学焦虑产生的主要因素。为了缓解自身教学焦虑,新手汉语教师们一般会根据现有的经验采取"花更多的时间备课""多参与听课"以及"讨好学生"三种措施进行应对。课堂上出现问题后,新手汉语教师通常只会把备课阶段的准备看得更加重要,备课方面也追求更加充分,更加严格按照教案进行授课以确保课堂安全无虞。这种教学上的倒逼机制更容易导致新手汉语教师在课堂上缺乏现场应变和因时施教的能力,课堂教学模式变得固定、死板,教学效果必然会受影响,且由于学生课堂提问的不确定性和课堂突发事件,"花更多的时间备课"并不能有效缓解新手汉语教师的教学焦虑。

对于听课问题,当地孔子学院积极实行双向"听课"制度,鼓励新手汉语教师和有经验的教师进行双向听课,互相学习,互相交流。"听课周"过后,不少新手汉语教师表示,该方法在短期内有一定的效果,但其效果并不显著。

> 教师 HFJ 表示:"有经验的教师大多在教授综合课,学生汉语水平较高,而我们中的大部分教的都是初级汉语班,他们的教学方法在我们的课堂上不太适用。"

通过访谈得知,新手汉语教师们倾向于把学生的旷课、逃课以及课堂活动参与不积极等归结于自身的教学能力不够,为此,多数教师便会采取一些措施以缓和师生关系,有的老师甚至通过诸如给学生送小礼物或对迟到的学生开始宽容以待等方式去刻意"讨好"学生。教师希望通过这些方式重塑自己在班级学生心目中的"友好宽容"形象,以期学生能体谅并支持老师的教学工作。但有时这些带有讨好意味的举动反而会产生某些副作用,比如,教师无底线、无原则的宽容或友好行为会纵容学生更加肆无忌惮地扰乱课堂秩序,也会导致学生在学习上变得更加拖沓,甚至产生向教师索要礼物、借钱等乱象。

教师 LJR 表示:"学生有时会向我索要东西,比如问我有没有吃的或者一些生活用品,最头疼的是学生问我借钱,还不止一个。"

教师 SXX 表示:"当地的中小学常有体罚学生的现象,当学生发现我不会对他们进行体罚后,学生对我的态度便没那么客气了。有些学生喜欢在课堂上捣乱,被我强行制止后,可能学生觉得丢人,在课堂上更加肆无忌惮了。"

三、教学焦虑的定量定性分析

实践证明,新手汉语教师采取上述三种措施不能有效缓解教学焦虑。那么,新手汉语教师的教学焦虑水平处于正常范围内吗?这种焦虑是否具有普遍性呢?我们决定使用问卷和访谈等方式,对赴非新手汉语教师教学焦虑特性、内容以及成因进行全面分析,希望通过溯源探究,提出一些有效的、切实可行的应对焦虑的策略。

调查问卷以高晖(2017)《新手国际汉语教师教学焦虑调查问卷》为基础,根据当地教学的实际情况,在选择题部分增加了一个题项,即"相比汉语课,我更喜欢上文化课(茶艺、书法、绘画、历史）"，详见附录 A。

通过利用 SPSS 23 对 47 名被试的教学焦虑总分进行分析，我们得出"教学焦虑问卷"的标准差为 18.61，被试的教学焦虑总分最大值为 222，最小值为 132，平均分为 163.6。根据统计学理论将教学焦虑问卷进行分类，以焦虑总分 25% 和 75% 为划分标准，把被试总分分别以 150 分和 170 分为分界点（总分小于或等于 150 为不焦虑，总分大于 150 且小于或等于 170 为一般焦虑，总分大于 170 为严重焦虑）。由表 1 可知，新手汉语教师焦虑人数占 74.5%，且严重焦虑人数占总人数的三分之一以上，这就说明大部分新手汉语教师的教学焦虑水平超出正常范围，且其教学焦虑具有普遍性。

表 1　焦虑总体水平分类表

焦虑程度分类	频率	百分比（%）
不焦虑（分数≤150）	12	25.5
一般焦虑（<150≤170）	18	38.3
严重焦虑（分数>170）	17	36.2
合计	47	100

对教学焦虑问卷中的 57 个选择题进行统计，取 57 道题中前 25% 进行分析，得出了新手汉语教师最为焦虑的 14 项（见表 2）。

表 2　教学焦虑均值最高的 14 个选项列表

排序	题　目	均值
1	③备课时我总是尽量多准备一些内容	4
2	㉔我担心在课堂上得不到学生的积极反馈	3.872
3	㉑我经常问学生"听懂了吗"或者"有没有问题"	3.787
4	㉝如果学生状态不好，会影响我的教学状态	3.638

排序	题　目	均值
5	㉒我从来不担心学生不理解我上课的内容	3.617
6	㉛我担心学生不喜欢上我的课	3.617
7	㊹平时生活中我也经常想到和上课有关的事	3.553
8	㊸我从未有过"我不想上课了"的念头	3.489
9	⑦课前我会比平时更认真地考虑当天的着装	3.426
10	⑲我担心课堂上学生提问时我回答得不好	3.426
11	⑧上课前的一两天我总是想着备课这件事	3.404
12	㉘我从来不担心学生觉得我的课很无聊	3.404
13	⑰我担心遇到一些"我知道怎么说,但是不知道怎么解释"的问题	3.383
14	㉕我从来不担心让学生回答问题或做语言活动时出现冷场	3.319

四、教学焦虑产生的根源

　　结合焦虑问卷均值最高的 14 个选项的调查和访谈结果,我们把导致新手汉语教师产生教学焦虑的诸多因素归纳出共性,提取出个性。共性因素是指新手汉语教师在教学工作中普遍遇到的导致教学焦虑的因素,如教师自身的教学知识与能力、学生的课堂提问及评价、学习动机、个体差异;其他因素如教学任务以及教师与孔院工作人员的人际交往等。个性因素是指由于非洲地区文化与环境的特殊性,非洲地区新手汉语教师特有的教学焦虑因素。与其他地区不同的是,这些因素是在非洲这种特定的教学环境下工作的新手汉语教师的教学焦虑因素,如影响身体健康和安全的卫生安全、社会治安以及教学条件等。

（一）共性因素

1.教师自身因素

教师自身因素主要包括教师对汉语本体知识和媒介语知识的掌握程度、教学方法和技巧、教学能力等。

（1）知识储备不足

张禹（2017）认为："汉语基础知识是汉语教学的源头活水，是所有汉语教师最基本、最不可或缺的专业素养之一。"在教授汉语之前，教师自身先要有足够的汉语知识储备，包括语言知识和相关的文化知识。教学焦虑问卷调查结果表明，许多新手汉语教师在教学中要花费很多时间备课，缺乏足够的汉语知识储备来应对学生的提问。不少教师也表示，自己虽然是汉语国际教育专业出身，但遇到一些比较复杂的语言点，还是需要重新学习一遍。课堂上，面对学生的提问或者进一步追问时，教师们通常会有些不知所措。如果教师不能处理好学生的课堂提问，那么，教师和学生的上课状态都会受到影响。可以说，缺乏扎实的汉语本体知识是新手汉语教师教学焦虑的重要影响因素。

媒介语知识包括英语和当地语。在汉语课堂上，媒介语能够帮助学生更好地理解。这种情况通常发生在教学对象是汉语零基础和英语非母语的班级中；而如果教学对象有一定的汉语基础，教师通常就会选择使用英文讲解，尤其是一些能够直接翻译的名词和较为复杂的句型。

> 教师 HSP 说："坦桑尼亚的大学生们都是使用英语上课，英语水平较高。每次遇到我出现英语语法或者发音问题，有些学生就会在课堂上纠正我，有时还会模仿甚至嘲笑我的发音。"

访谈得知,在非新手汉语教师们都具有一定的英语基础(通过 CET-6),但大多数教师的英语口语表达能力明显较弱,很多教师无法做到在汉语课堂上用英语授课或讲解汉语语言点。

本案例中的新手汉语教师来自三个不同的国家。这三个国家中,坦桑尼亚以斯瓦希里语和英语为官方语言,莫桑比克以葡萄牙语为官方语言,喀麦隆则以法语和英语为官方语言。面对初学汉语的小学生,新手汉语教师因不了解当地语言而产生的教学焦虑更为明显。

> 教师 WYT 说:"小朋友们只认识一些简单的英语词汇,上课时也是使用当地语言和我沟通,刚开始上课时,我完全听不懂他们想表达什么。"

在学生听不懂英语的情况下,教师们要花费更多的时间备课和学习当地语言,有时只能依靠动作或者简单的当地语解释,这无疑给课堂教学带来了巨大挑战。

(2)课堂管理失策

对于新手汉语教师而言,课堂管理是教学难题之一。访谈得知,影响教师教学焦虑的课堂管理因素大致有以下四点:一是学生的迟到、旷课问题突出;二是中小学生天性活泼好动、频繁要求上厕所或经常与其他同学发生矛盾;三是学生课堂开小差;四是课堂上一些不可控的意外事故。如果新手汉语教师没有找到行之有效的方式管理课堂,课堂气氛以及教学效果就有可能会受到严重影响。此外,这样的"问题班级"可能会让教师们逐渐对课堂产生害怕或倦怠的心理,致使新手汉语教师们产生更为严重的教学焦虑。

（3）教学能力有限

从综合访谈来看，多数新手汉语教师的焦虑通常都在第一堂汉语课就出现了。

> 教师FYF说："尽管我已经花费了大量的时间准备，但是上课时还是很紧张，语速很快，而且非常在意学生的反应，如果没有学生和我互动，我就会很尴尬或者沉默一会儿。"

许多新手汉语教师表示，自己不知道如何运用教育学方面的理论知识，不熟悉针对不同的教学对象所用的教学方法，不知道如何设置参与度高且有效的操练方式和课堂活动。这些由于"不知道怎么教"引起的问题都可能导致新手汉语教师教学焦虑的产生。

多数新手汉语教师自我效能感不高，对自己的教学能力不够自信。自我效能感低的教师在遇到困难时，无法及时调整心态重新投入教学，甚至可能会以消极的心态应付教学，从而产生甚至加剧教学焦虑。

2.来自学生的因素

教师的教学焦虑有时也源于学生，包括学生对老师的评价、学生课堂提问以及学生的学习动机等。

新手汉语教师较为在意学生对自己的评价，教学焦虑问卷中"我担心学生不喜欢上我的课"是选项较高的题项。课堂提问是一种很常见的课堂行为，是课堂上师生互动的重要方式。学生的课堂提问具有一定的不可预测性，如果教师们能顺利回答学生的突然提问，则非常有助于增强师生互动频率。经过访谈得知，大多数新手汉语教师都有过面对学生的突然提问而

"现场卡顿"的"尬场"经历。这给新手汉语教师增加了不少心理压力。此外,有时学生在课堂上提及令人尴尬的、不合时宜的话题也会增加教师的课堂焦虑。学生的学习动机会直接影响学生的学习积极性。很多学生对汉语课不够重视,经常出现旷课、迟到、不能按时按量完成作业、上课状态不佳、课堂参与不积极甚至中途逃课等现象。

> 教师 WDY 说:"刚过了一个月,很多学生便坚持不下去了,很多学生旷课、逃课,我不得不一一联系,希望他们继续来上课,而且每节课我都担心没有多少个学生来上课。"

学生的汉语水平参差不齐,这是新手汉语教师们遇到的较为普遍的难题。访谈得知,学生时常旷课、不认真学习是导致其汉语水平差异较大的主要原因。此外,汉语水平不同的学生混杂在一个班上课(多是因学生人数达不到开班条件)则是另一方面原因。学生汉语水平的差异叠加了授课难度。教师LJR 表示:"有些学生是看心情来上课,他自己也没有补上缺失的内容的打算,时间久了自然跟不上其他学生的进度。"

除了汉语水平差异之外,学生异质性还体现在文化和社会背景方面。从文化背景来看,很多开设汉语班的中小学是国际学校,学生来自不同的国家,其母语、习俗、宗教以及学习行为各不相同。从社会背景来看,不少大学专门设立了面向社会人士的汉语课堂,这些社会人士年龄、工作、教育背景、学习能力等各异,新手汉语教师需要兼顾这些差异并在课堂上与学生进行互动交流,并不是一件易事。

3.其他因素

承担课时多，教学任务重，这也是教学焦虑产生的主要原因。汉办和孔院规定，每位汉语教师每周至少上满16个课时，但由于校方的教学计划安排或者学生的其他课程安排得太满，有些教师并未达到最低课时要求，教师们就不得不想方设法进行补课。

> 教师JJW说："学校安排的汉语课程周课时是12个课时，我向学校申请延长课时，学校以学生太忙或者教师安排太紧张而拒绝。为了完成规定课时，我在周末开设了汉语兴趣班以增加课时量。"

除了规定课时以外，文化活动也比较多。汉办和孔子学院要求这些新手汉语教师在任期内至少举办10次文化活动，即除了"考试月"以外，每个月都要举办一次文化活动。访谈得知，当地有3所孔子学院都要求学生举办有创意、有影响力的文化活动，这给新手汉语教师尤其是孔子学院下设教学点的新手汉语教师们带来了不小的教学压力。

> 教师CHL表示："每个月都要绞尽脑汁地想：这个月要举办哪些有新意的文化活动？此外，物资和经费的不足又对活动内容有一定的限制。活动前期的准备和策划、宣传以及后期的新闻稿撰写等工作都比较烦琐，以致我每个月都拖延至月末才举办活动。"

新手汉语教师与其他中方工作人员（包括其他新手汉语教师、公派教师以及中方院长）人际交往关系不够和谐，存在一定心理落差。有些新手汉语教师认为,存在"工作分配不均"的情况,比如有些公派教师"权力过大",把自己不愿意做的工作一股脑地安排给新手汉语教师,过分支配新手汉语教师的工作,新手汉语教师对此又不敢提出异议,导致心理压力增大。

(二)个性因素

个性因素首先表现在卫生安全方面。疾病是导致教师焦虑的主要因素。在非洲地区,蚊虫传播的疾病较多,而在坦桑尼亚、莫桑比克和喀麦隆等地,疟疾(malaria)和登革热(dengue)这两种疾病的危害较大,新手汉语教师们对疾病的担忧存在于整个任期内。本次调查的被试者中,任教于喀麦隆的 8 位新手汉语教师中,不幸感染疟疾的就高达 6 人;坦桑尼亚的 3 位新手汉语教师不幸感染了登革热,其中 1 位需要住院治疗。偏高的患病率和疾病复发率,给新手汉语教师们造成了巨大的心理压力。

> 教师 LMM 说:"几次住院后,我的身体非常虚弱,教学进度已经远远落后于其他教师,但是我感觉我的生活重心已经不在课堂之中了,我更担心疾病有没有复发的可能。"

其次是社会治安因素。非洲有些地区的社会治安较差,人们的法治意识不强,导致新手汉语教师在初期往往会过分忧虑人身安全问题,常常害怕出门、担心住宿不安全等。

> 教师 SDN 说:"我们晚课下课后,虽然是结伴回家,但是这边没有路灯,看不见来往的行人,挺害怕的。"

随着新手汉语教师们慢慢适应了当地的生活，这种忧虑就会有所缓解，但并不会消失。生活环境成了影响非洲新手汉语教师教学焦虑的因素之一。

最后是教学条件不尽如人意。教学条件包括教材、教具、上课地点与时间等软硬件。非洲大部分地区经济发展水平不高，多数国家属于贫困国家。与其他地区相比，教学条件相对落后，这也间接引发了新手汉语教师的教学焦虑。访谈得知，由于物资有限，大多数新手汉语教师使用的都是打印版的教材，同时，由于打印费用较高，大多数学生都没有课本。这就给新手汉语教师的课堂教学带来了不少困难，教师需要花费更多的时间进行板书。由于有些教学点的教室紧缺，需要临时申请教室或教室被临时占用的情况也不少。教室没有多媒体、没有风扇、桌子椅子不够等情况也较为常见。

教师WDY说："我最担心上晚课上到一半停电，这样非常影响教学秩序和教学进度，有几次我不得不打着手电筒把课上完，但是，很明显，学生的注意力早已不在汉语课堂上了。"

如此窘迫的教学条件直接或间接地加剧了新手汉语教师的教学焦虑。

五、在实践中探索应对之策

过高的教学焦虑会给教师的教学和生活带来消极影响。综合访谈结果，基于新手汉语教师教学焦虑产生的根源，我们从新手汉语教师个人层面和孔子学院、汉办等层面提出缓解现阶段新手汉语教师教学焦虑的对策。

(一)新手汉语教师个人层面

1.降低期望值,提前做好准备

在赴任前,新手汉语教师要积极通过多种途径获取与赴任国及赴任地区的相关信息,比如,可以同上一任新手汉语教师、中方和外方院长联系,询问赴任教学点的教学概况、生活条件、日常物资以及当地人的文化习俗等,预设最坏的情况并想好应对之策。同时,适当降低心理预期,以更积极的心态投入赴任后的教学工作之中。

2.打好专业基础,掌握教学技巧

新手汉语教师不仅要具备扎实的汉语本体知识和教学技能,而且要了解关于中国政治、经济、历史和文化等各方面的知识。此外,还应学习使用媒介语进行沟通交流,提高跨文化交际能力。新手汉语教师应掌握一定的教学技巧,比如在课堂上花一些时间与学生讨论一些能够吸引学生兴趣的话题(如中国和当地文化异同、美食、奖学金申请以及留学生在中国的学习生活等),吸引学生的注意力,活跃课堂气氛。在课堂上适量使用当地语言进行汉外对比教学,也能有效激发学生的兴趣,提升学生对教师的好感。

3.增强工作自信,提高自我效能感

在教学初期,新手汉语教师可先着手培养具备一定汉语基础的学生学习汉语的兴趣,适当放宽对其汉语学习成效的要求,暂且先从汉语水平较高的班级中获得教学成就感。教学过程中,可以通过课堂反思,总结教学经验,不断调整或创新合适的教学模式以适应学生的学习需求。当遇到教学上的困难时,应相信自己,不能消极应对。

4.积极与他人沟通交流,融入当地文化

新手汉语教师应与学生多交流教学方面的问题,倾听学生的学习诉求。另外,要与外方工作人员和孔子学院工作人员保持良好的人际关系。尽可能多地与当地人进行交流,了解当地习俗和文化。比如,积极参与当地的节日盛会,或去当地人家里做客,体验当地的婚嫁礼,参观当地的历史文化博物馆,等等。

5.主动向经验丰富的教师学习

向有经验的教师学习对在短期内提高自身的汉语教学能力非常有效。也可向有经验的教师申请课堂观摩,借鉴有效的课堂模式并尝试运用在自己的课堂之中。同时,还可以邀请有经验的教师来听自己的课,请同行们提提意见,以帮助自己不断优化教学方法,改进课堂教学管理模式。

> 教师GQQ表示:"我们孔院有一位特别优秀的老师,在我们遇到困难时,她总能从心理学的角度帮我们分析,遇到再多的困难她都能保持良好的心态,从不焦躁,从不抱怨。我们都从她身上学到许多。"

此外,新手汉语教师还须了解自己的教学焦虑,找到有效的宣泄方式。增强体育锻炼,警惕微小病症,积极防蚊防虫。

(二)汉办和孔子学院层面

汉办和孔子学院可以通过以下几个方面来帮助新手汉语教师缓解教学焦虑:一是提前采集各教学点的信息,并向新手汉语教师们点对点地公开;二是加强新手汉语教师的岗中培训,并给新手汉语教师提供必要的物质帮助和更多的人文关

怀;三是建立非洲地区志愿者网络交流平台,以利于互相交流在非洲生活和工作的经验。

六、结语

本案例选取一个完整的任期,对新手汉语教师们从教学焦虑表现到焦虑定性再到焦虑根源展开探讨,并主要从教师自身角度提出可行的焦虑缓解策略。几个月的实践证明,我们针对赴非洲地区的新手汉语教师提出的焦虑缓解策略取得了较好的成效。我们对新手汉语教师进行了后期访谈,目的是请新手汉语教师们对本文所提出的焦虑缓解策略进行验证性反馈。大部分曾经的新手汉语教师表示,随着教学经验的增加、教学技能的提高以及学生汉语水平的提升,自己当堂回答学生提问时不再那么紧张,上课也不再像到岗初期那么困难,教学焦虑在一定程度上有所缓解。由于时间以及其他条件所限,对于教学点信息的采集和点对点公布、建立非洲地区教师网络交流平台等建议的有效性,我们暂时无法验证,留待后期相关研究继续跟踪反馈。

在中非友好关系长期稳定友好发展的新时代愿景下,我们衷心希望汉语教学事业在非洲蓬勃发展,以增进文化互信,助力中非友谊再迈新台阶。

案例思考题

1.教学焦虑的外在表现有哪些?

2.结合案例中的焦虑表现,你去非洲教学时可能会出现的焦虑表现是什么? 本案例是从哪几个方面分析赴非新手汉语教师的教学焦虑的?

3.你认为本案例概括的教学焦虑成因是否合理? 你有什

么补充意见？

4.赴非新手汉语教师与其他地区的教学焦虑有何不同？

5.阅读本案例,根据本案例提出的应对策略,提出你的看法。

案例使用说明

1.适用范围

(1)适用对象:汉语国际教育专业研究生,赴非新手汉语教师。

(2)适合课程:国际汉语教师心理健康、赴非新手汉语教师岗前培训课程。

2.教学目的

(1)了解赴非新手汉语教师的教学焦虑表现。

(2)了解赴非新手汉语教师的教学焦虑的特点和成因。

(3)了解应对教学焦虑的基本措施。

(4)培养积极应对教学焦虑的意识。

3.要点提示

(1)相关理论

状态焦虑理论:状态焦虑是一种短时间内经历的焦虑,特指人在某些特殊情境下,遭遇某个偶然事件时发生的焦虑,其外在表现通常是带有明显特征的反应,如紧张、脸红等。教师的教学焦虑属于状态焦虑。

(2)关键知识点

借助案例中的描述,明确"教学焦虑""新手汉语教师"等概念的具体含义,结合自身教学经历,对教学焦虑的表现、内容以及原因形成自己的认知,并了解如何应对教学焦虑。

(3)关键能力点

①发现问题的能力:能够及时发现教学焦虑的外在特征并

引起重视。

②研究问题的能力：能够综合以往经验和前人研究对教学焦虑进行定量和定性研究，并分析其特性和内容。

③解决问题的能力：能够根据教学焦虑根源提出缓解策略并在实践中检验策略的有效性。

(4)案例分析思路

通过赴非新手汉语教师的教学焦虑表现，发现现有经验并不能有效缓解教师的焦虑；对新手汉语教师的教学焦虑进行定性和定量分析，了解其特性和内容；根据问卷调查，结合访谈，进一步对教师的教学焦虑成因进行探讨；最后提出缓解赴非新手汉语教师教学焦虑的策略，主要为赴非新手汉语教师提供借鉴和参考。

4.教学建议

(1)课时安排

大学标准课 4 节，共 160 分钟。讨论交流 1 节课，意见汇报和教师点评 2 节课，全班讨论和总结 1 节课。

(2)环节安排

①教学分组(4—5 人一组)，每组选思考题中的一个题目进行讨论。

②小组代表进行汇报。

③教师对小组汇报进行点评。

④全班讨论和合作，教师对本课知识进行总结。

(3)适用范围

30 人以下的小班教学。

(4)组织引导

教师提前两周布置预习和阅读任务，向学生提供案例，要求学生提前对思考题进行思考。

（5）活动建议

①教师布置阅读任务，阅读任务包括中国与非洲的主要文化差异、非洲人民的性格。

②要求学生明确小组分工，并学习非洲某个国家的社会环境和风土人情，在汇报时，要结合该国的实际情况讨论案例。

③各小组以 PPT 的形式进行汇报并上交汇报材料，课后由教师整合并与学生分享。

④成绩考核材料包含：汇报情况、小组讨论记录、汇报材料、课程报告。

5. 推荐阅读

[1] 张蔚. 对外汉语新手汉语教师教学焦虑研究[D]. 上海：华东师范大学，2012.

[2] 柯志骋. 国际汉语教师焦虑诱因及缓解策略探讨[J]. 广东第二师范学院学报，2013(4)：41-47.

[3] 王婷婷. 新手汉语教师对外汉语教学焦虑个案研究[J]. 现代语文（教学研究版），2015(9)：19-20.

[4] 张蔚，徐子亮. 基于扎根理论的对外汉语新手汉语教师教学焦虑研究[J]. 华文教学与研究，2016(2)：60-67.

[5] 高晖. 新手国际汉语教师教学焦虑研究[D]. 北京：北京外国语大学，2017.

[6] 张禹. 国际汉语教师志愿者工作状态焦虑研究[D]. 北京：北京外国语大学，2017.

附录 A：赴非新手汉语教师教学焦虑调查问卷

您好！为了解赴非新手汉语教师的课堂教学的心理状态，特地进行此次调查。所有信息只用于研究，不做其他用途。请您客观认真作答。谢谢！

选项

试题	A. 非常不符合	B. 不符合	C. 不置可否	D. 符合	E. 非常符合
①我每次上新课前备课的时间很长					
②备课时我的教案写得非常详细					
③备课时我总是尽量多准备一些内容					
④我很清楚应该怎样从课文中找出教学重点和难点					
⑤我很清楚应该怎样处理课后练习					
⑥我很清楚怎样给学生进行操练会比较有效					
⑦课前我会比平时更认真地考虑当天的着装					
⑧上课前的一两天我总是想着备课这件事					
⑨上课前一晚我尽量不安排任何娱乐活动					
⑩上课前一晚我的睡眠质量不好					
⑪我上课完全按照备课的教案进行					
⑫如果学生突然提问，我有时会头脑一片空白					

试题	A. 非常 不符合	B. 不 符合	C. 不置 可否	D. 符合	E. 非常 符合
⑬我从来不担心学生在课堂上的追问					
⑭我希望学生不会问我自己从未思考过的问题					
⑮我担心学生问我敏感问题（政治、国民陋习、粗话等）					
⑯我担心学生问我关于语法的问题					
⑰我担心遇到一些"我知道怎么说，但是不知道怎么解释"的问题					
⑱我担心学生上课时让我解释中国文化、历史等问题					
⑲我担心课堂上学生提问时我回答得不好					
⑳我从来不担心学生会对我的教学提出质疑					
㉑我经常问学生"听懂了吗"或者"有没有问题"					
㉒我从来不担心学生不理解我上课的内容					
㉓我担心在课堂上得不到学生的积极反馈					
㉔我担心控制不好上课节奏					
㉕我从来不担心让学生回答问题或做语言活动时出现冷场					
㉖我担心课堂上出现我不能控制的突发状况					

试题	A. 非常不符合	B. 不符合	C. 不置可否	D. 符合	E. 非常符合
㉗我很擅长根据上课当天学生和环境的情况调整教学计划					
㉘我从来不担心学生觉得我的课很无聊					
㉙我尽可能公平地对待每一个学生					
㉚我担心学生会表现出对我的不满					
㉛我担心学生不喜欢上我的课					
㉜我担心班上有学生不遵守课堂秩序					
㉝学生状态不好会影响我的教学状态					
㉞我担心自己对学生汉语水平的提高帮助不大					
㉟我担心我认为的难点对学生来说不是难点					
㊱我担心上课时因为英语（或所在国语言）水平不够好而遇到困难					
㊲我从来不担心学生把我和其他老师的教学水平做比较					
㊳我担心学生看出我是新老师					
㊴我担心学生觉得我太年轻不像老师					
㊵我担心学生在教学评估时给我打得分不高					

试题	A. 非常 不符合	B. 不 符合	C. 不置 可否	D. 符合	E. 非常 符合
㉛我担心被学生投诉					
㉜我担心完不成校方规定的 教学进度					
㉝我从未有过"我不想上课 了"的念头					
㉞平时生活中我也经常想到 和上课有关的事					
㉟想到要给学生上课我就觉 得很高兴					
㊱我从不介意其他老师来听 我的课					
㊲如果有老师要来听我的 课，一定要事先打招呼					
㊳我站上讲台就开始出汗					
㊴我讲课的时候总是觉得口 干舌燥					
㊵站上讲台我的心跳会加快					
㊶我经常和有经验的老教师 交流					
㊷我经常和其他在国外教汉 语的新老师交流					
㊸我从不担心自己适应不了 异国的教学环境					
㊹我和外方院长、工作人员 或者学生交流时会感到有些 不自在					
㊺我担心自己不够了解所在 国的礼仪、禁忌而在课堂上 丢脸					

试题	A. 非常 不符合	B. 不 符合	C. 不置 可否	D. 符合	E. 非常 符合
㊶我从不认为文化差异会给我的课堂带来障碍					
㊷相比汉语课，我更喜欢上文化课（茶艺、书法、绘画、历史）					

蒙德拉内大学孔子学院第十八届
大学生"汉语桥"选拔赛组织与实施

王　逍　何圆圆*

摘　要:近年来,莫桑比克蒙德拉内大学孔子学院(简称"蒙大孔院")中国文化传播活动的形式日益多样,活动内容也日益丰富多彩。该文选择蒙大孔院 2019 年大学生"汉语桥"选拔赛作为研究案例,记录选拔赛的组织与实施过程,主要包括如何组织学生、培训学生,尤其是师生如何共同克服重重困难,最终如何让参赛学生脱颖而出。该案例主要聚焦在蒙大孔院大学生"汉语桥"选拔赛的组织与实施中如何面对问题和解决问题,试图为海外孔子学院的中国文化国际传播活动,提供某种借鉴和启迪。

关键词:蒙大孔院;汉语桥;中国文化国际传播

**The Organization and Conducting of the 18th "Chinese Bridge"
Trials for College Students by the Confucius Institute
at Eduardo Mondlane University**

Abstract: In recent years, the Confucius Institute at Eduardo

---

* 作者简介:王逍,女,湖南双峰人,杭州电子科技大学法学院教授,博士生导师,人类学博士,社会学博士后。何圆圆,女,安徽池州人,浙江师范大学国际文化与教育学院 2017 级硕士研究生。

Mondlane University (henceforth CI-UEM) has organized an even greater variety of activities which aimed at promoting knowledge about an appreciation of Chinese culture with the content of these activities ever richer and more colorful. This paper has selected the 2019 "Chinese Bridge" qualifying trials for college students to serve as a case study. This study records the process through which the competition was organized and conducted. These records are mainly concerned with how the students were organized and trained with special emphasis placed on how teachers and students worked together to overcome difficulties and finally what was done to make participating students stand out. This case study primarily focuses on the organizing and conducting of the CI-UEM "Chinese Bridge" qualifying trials for college students. It examines how problems were faced and solved. This study tries to provide a point of reference and inspiration for overseas Confucius Institutes as they organize activities to promote knowledge about appreciation of Chinese culture.

Key words：CI-UEM；Chinese Bridge；International Communication of Chinese Culture

背景信息

中莫两国自古以来在经贸和文化上就有交流。历史上,莫桑比克处于中国古代"海上丝绸之路"的最南端,曾经是中国与非洲、欧洲进行海上贸易的重要停靠点。"中华人民共和国成立后,中、莫两国的交流与合作进一步加强。中、莫两国于1975年6月正式建交,双方一直保持政治、军事、经贸等领域的交流与合作，双边关系不断得到巩固和发展"。随着中、莫双方交流日益频繁，中、莫在文化方面的交流与合作亟待进一步加强。2012年10月，莫桑比克第一所孔子学院——蒙德拉内大学孔子学院（以下简称"蒙大孔院"）（Confucius Institute at Eduardo Mondlane University，英文缩写为"CI-UEM"）在中、莫两国人民的共同见证下正式成立。

自蒙大孔院成立以来，经过7年多的发展，截至2019年7月，蒙大孔院已拥有16个教学点，主要有：马普托蒙大孔院本部，马普托高等国际关系学院孔子课堂，马普托语言学院，马普托中华协会，马普托国际学校，凯塔部（kitabu）中学，马多拉市的乌提维（Wutivi）大学，等等。但是，目前某些教学点由于各种主客观原因而暂时处于停滞状态。比如，受2019年3月超强飓风影响，贝拉市的3个教学点只能暂时停课。总体来说，随着蒙大孔院教学点的数量和分布城市不断增多，蒙大孔院的影响范围也在逐渐扩大。

历史上，莫桑比克遭受葡萄牙殖民统治长达470多年，加上莫桑比克本身又是多部落、多民族的国家，这就使得莫桑比克的社会文化背景较为复杂。在中莫文化碰撞与交流的过程中，很容易产生一些误解和不良影响。

蒙大孔院作为展示中国文化、传播中国文化的一个重要窗口，在加强中莫文化交流沟通，消除莫桑比克人民对中国的误解，增进中莫交流互信和两国民间文化交流等方面起到了重要作用。为了更好地搭建传播中国文化的平台，让当地人进一步了解中国文化，每个教学点既承担着汉语教学任务，又不断摸索适合该教学点的文化传播活动形式，并开展多样化、多渠道的推广活动，致力于汉语教学和文化传播协调发展。据不完全统计，蒙大孔院于2018年全年举办了50多场文化活动，于

2019 年上半年共举办了 30 多场文化活动,受众达 2 万多人次。其中,不少文化活动已经形成了一定的规模,并逐渐发展成为每月定期举办的常规活动,当地反响和口碑良好。

　　蒙大孔院汉语志愿者教师 H 老师基于参与组织马普托本部教学点部分文化传播活动的亲历经验,同时结合对其他相关文化传播活动的调查分析,最终选择"蒙大孔院 2019 年第十八届大学生'汉语桥'选拔赛"这一重要的文化传播活动的组织与实施为案例的主要内容,聚焦活动中所遇到的问题和克服问题的过程,以期为中国文化国际传播活动提供一些参考经验。

案例正文

蒙大孔院第十八届大学生"汉语桥"选拔赛活动纪实

　　文化大赛是蒙大孔院文化传播活动的重要组成部分。蒙大孔院每年都会举办诸如中文歌曲大赛、诗歌朗诵大赛、汉字书写大赛等规模较大的文化大赛。自 2002 年举办第一届"汉语桥"比赛以来,蒙大孔院已培养了 M 学生、O 学生、Q 学生等优秀选手,学生的热情一年比一年高涨,水平也显著提高。2018 年,在中国湖南长沙举办的"汉语桥"非洲组比赛中,蒙大孔院推荐的选手斩获了"非洲组第七名"的好成绩,这也极大鼓舞了正在学习汉语的蒙大孔院学子。2019 年 5 月,蒙大孔院举办了"第十八届'汉语桥'世界大学生中文比赛——莫桑比克赛区选拔赛"活动,这也是蒙大孔院第 4 次举办该类活动,来自蒙大汉语专业和蒙大孔院各教学点的 16 名选手参加了此次选拔赛,规模为历届之最。

一、"汉语桥"选拔赛的目的

如今，"汉语桥"已经成为全球汉语学习者展示学习成果的重要平台，本次活动吸引了广大以汉语为桥梁，让自己变得更有力量的莫桑比克有志青年前来参赛，试图为构建人类命运共同体的"天下一家"贡献力量。举办本次选拔赛活动意义重大，一方面是要选出代表莫桑比克前往中国参加"汉语桥"决赛的优秀选手；另一方面，这对蒙大孔院以及本地的汉语学习者来说，也是一个展现和验证学习成果的有效渠道，更是对蒙大孔院汉语教学和中国文化传播事业发展成果的阶段性检验。

二、"汉语桥"选拔赛前期准备

2019年2月，即在比赛前3个月的一次孔院例会上，才确定了本次比赛的负责老师L。负责老师统筹安排比赛的筹备工作，其余汉语教师负责协助。在比赛前一个半月，蒙大孔院召开了关于比赛安排的孔院教师会议。在孔院会议上，负责老师L介绍了活动的筹备工作和时间进度安排，详情见表1。

表1　2019年"汉语桥"选拔赛筹备工作进度表

时间	工作项目
3月底前	各班任课老师完成前期宣传，提交参赛学生名单
4月10日前	完成题库编写，开始培训学生
4月30日前	宣传海报、背景墙制作完成，海报贴出
5月3日前	主持串词编写完成，开始主持串词
5月8日前	提交选手形象展示PPT、个人演讲和才艺展示PPT及伴奏等
5月12日前	评委及嘉宾名单确定，茶点及服务团队确定

续　表

时　间	工作项目
5月17日	彩排(周五)14:00—16:00 场地:蒙大阶梯教室
5月24日	比赛(周五)14:00—17:00 场地:蒙大阶梯教室
5月25日前	完成新闻稿撰写与审核
5月25日前	将新闻稿投放至相关媒体

资料来源:蒙大孔院2019年"汉语桥"活动策划组。

由以上2019年"汉语桥"选拔赛筹备工作进度表可以看出,本次大学生"汉语桥"比赛的时间跨度很长,需要安排得相当细致。从前期宣传到筛选参训学生,再到比赛嘉宾名单的确定,以及后期媒体宣传等工作,无论巨细,均须考虑在内。

总体而言,2019年,蒙大孔院第十八届大学生"汉语桥"选拔赛筹备工作整个过程有条不紊。在时间安排上,尽量选择老师和学生都有空闲的时间段,不占用平时上课的时间。

尤为值得一提的是,此次蒙大孔院大学生"汉语桥"选拔赛,具有很好的理念和明确的宗旨。始终秉承和贯穿着以中国儒家传统"和合"思想精髓为传播理念,强调活动的宗旨是"中莫合作"。本次大学生"汉语桥"比赛,规格较高,由中国驻莫桑比克大使馆主办,中国路桥工程有限责任公司和蒙大孔院承办。此外,大赛还特别邀请蒙德拉内大学中文学院院长和中华协会会长莅临指导。

本次"汉语桥"选拔赛的实战训练,不仅培养了一批多才多艺的学生,也锻炼和提升了孔院志愿者教师在汉语教学和中国文化传播方面的能力,极大地激发了志愿者教师组织大型文化活动的潜能。此次选拔赛,从前期准备到后期宣传,每一位汉语教师都特别认真负责,努力站好自己的每一班岗。为让每位参赛学生在才艺和演讲方面有所进步,让比赛更加精彩,也为让每一位汉语教师志愿者都参与到"汉语桥"选拔赛中，孔院结合汉语教师志愿者所掌握的中华才艺和参赛学生的兴趣，为每一位参赛学生都对应安排了专职培训演讲和才艺辅导的老师。

除了孔院的多名汉语教师始终坚守岗位以外，本次活动有16名参赛学生，无一人中途退出。他们是通过自己报名参赛或由班主任老师推荐而选拔出来的。他们热爱汉语，也很喜欢中国文化。根据 H 老师调查，参赛学生学习汉语的时间都在 2 年以上。其中，多位同学曾有赴中国留学的经历。他们本身就是最好的中国文化代言人，他们在舞台上的精彩演讲和出色的才艺表演就是最好的展现形式。本次比赛可谓分工合理，大家协同合作，具体职责分工整理如表 2 所示。

表 2　2019 年 5 月大学生"汉语桥"选拔赛分工

时间	2019 年 5 月 24 日（周五）下午 2 点（请培训老师提醒选手提前到场）
地点	蒙大主校区 CPI2501 阶梯教室

请全体教师统一着孔院 T 恤，其中四名礼仪教师着旗袍

具体岗位及活动项目	工作人员
主持人	赛老师（汉语）、张老师（葡萄牙语）
嘉宾、评委	邀请院长、程老师
现场布置 （音响、桌子、易拉宝、小国旗）	王老师、邢老师、冯老师、周老师
评委席 （席签、桌布、水、笔）＋VIP 席背签	张老师
分数统计	林老师、楼老师
PPT、音视频播放	王老师、李老师（携带自己电脑）
选手号码牌、催场	刘老师、冯老师
颁奖环节	刘老师、冯老师、林老师

资料来源：蒙大孔院 2019 年"汉语桥"活动策划组。

在此次大学生"汉语桥"比赛前的1—2天,负责老师根据当天汉语老师上课情况,结合各位老师所擅长的领域,进行大赛活动分工,大家各司其职。例如,安排懂葡萄牙语的汉语教师担任葡萄牙语主持人,另由本土汉语教师担任汉语主持人,安排擅长拍照的汉语教师负责拍照,等等。负责老师会将活动分工提前发到孔院教师聊天群里,如果哪位老师临时有急事或者身体不舒服等,都可以在聊天群里告知负责老师,负责老师将进行机动安排,确保活动正常进行。

三、"汉语桥"选拔赛活动流程

蒙大孔院对这次"汉语桥"选拔赛是极为重视的,制定了井然有序的活动流程(见表3)。2019年5月24日上午,根据活动安排,蒙大孔院的汉语教师布置场地,将已经准备好的活动所需物品都摆放整齐,比如乐器、音响、易拉宝等。一切准备就绪后,已是当地时间13:30了,此时,已经陆续有部分观赛的学生提前入场。负责活动安排的老师开始联系参赛学生和观赛学生,跟他们再次确认比赛时间和地点,以免他们忘记或记错比赛时间或场地等信息。中方院长与4位礼仪教师开始迎接前来观看比赛的嘉宾和观众。当地时间14:00,所邀请的嘉宾均已到达活动现场,现场约有500名观众。随后,在观众们热烈的欢呼声中,2019年莫桑比克赛区"汉语桥"选拔赛正式开始了。

表 3　2019 年 5 月大学生"汉语桥"选拔赛活动流程

时　段		活动流程
开幕式	14:05—14:10	大赛正式开始，主持人致欢迎辞
	14:10—14:15	全体起立，唱莫、中两国国歌
	14:15—14:30	领导致辞 孔子学院中方院长致辞 蒙大文学院院长致辞 中国驻莫大使馆政务参赞致辞
正式比赛	14:35—15:30	汉语演讲比赛开始
	15:30—15:35	宣布演讲比赛分数
	15:35—15:40	孔院学生表演莫桑比克传统舞蹈"马拉蹦跶"
	15:40—16:30	才艺表演正式开始
	16:30—16:40	统计分数与整理，公布才艺表演分数
闭幕式	16:40—17:00	1. 宣布获奖单位和名单 2. 给比赛优胜者颁奖 3. 获奖者与颁奖嘉宾合影留念 4. 主持人宣布比赛结束

资料来源：作者于比赛现场的观察与记录。

　　本次大学生"汉语桥"选拔赛主要分为两个环节，第一个环节是以"天下一家"为主题的演讲，第二个环节是中华才艺表演。整个比赛用时 3 小时左右。

　　在演讲环节，选手们围绕"天下一家"的主题，结合自己学习汉语的初衷、经历和梦想，讲述了学习汉语带给他们的机遇和改变。他们的演讲，各具风采。有的学生讲到了中国的家庭关系，有的学生讲到中国"天下一家"的互帮互助的大爱精神，有的学生谈到中国的电影等。以 H 老师培训的参赛学生 Y 同学为例，他传递给观众的信息是汉语带给他的力量。以下是该生的演讲稿：

汉语的力量

　　大家好！我是 Y，我演讲的题目是《汉语的力量》。一直以来，我都有一个走出国门的梦想，但我不知道通过什么方式，才能实现这个梦想。因为去任何一个国家只能通过飞机或者轮船才能到达。但是，坐飞机或轮船都需要钱，而我没有那么多钱。但是梦想还是要有的，万一实现了呢！

　　在申请大学专业的时候，当我看见有汉语专业，我毫不犹豫地选择了它。进入大学学习几个月后，我发现，因为学习汉语，跨过国家与国家之间的边界，已经不需要坐飞机或是坐轮船；我发现，通过语言我也能跨过每个国家的距离。你们知道这个语言是什么语言吗？它不是我的母语葡萄牙语，也不是英语，不是法语，也不是西班牙语。这个语言就是汉语。自从来到中国，我认识了很多国家的人，我了解了他们的文化。在这个过程中，我都是用汉语和他们进行交流的。

　　马普托新建了卡滕贝大桥。它将卡滕贝和马普托连接在了一起。这座桥是有形的桥，而汉语是一座无形的桥。

　　是汉语让莫桑比克人和中国人从此连在了一起。

　　是汉语老师架起了这座汉语桥，而我和同学们都在这座桥上。

　　因为汉语我实现了我的梦想！

　　这就是汉语的力量！

　　谢谢大家。

Y同学的演讲没有华丽的辞藻，用词非常简单。Y同学只是想将他与汉语之间最真实的故事，用最质朴的话语，讲给现场的观众听，让观众感受到那座无形的"桥"带给他的力量。因为汉语，他实现了踏出国门的梦想；因为汉语，他感到自己未来可期。其他的参赛学生也是如此，把他们自己与汉语、与孔院、与中国发生的最真实的故事讲给观众们听，同时，也把他们自己理解的中国文化，用最简单的语言传递给了他们的同学和朋友。这些演讲对正在孔院学习汉语的学生具有较好的激励和鼓舞作用。

才艺展示环节形式多种多样，学生们穿着中国传统服饰表演中华才艺，令人耳目一新。表演内容丰富多彩，诸如中文歌曲、太极表演、单口相声、古筝奏唱、电影配音等等。

相声作为中国曲艺中以"说"为主的表演形式，是检验非汉语母语者汉语能力的绝佳方式。汉语专业二年级的两位学生联袂演绎了"满汉全席"报菜名，一个表演"大忽悠"噼里啪啦地报菜名，一个不动声色，类似相声逗捧，引得观众阵阵欢笑。汉语专业三年级的一位学生一人分饰两角，和他的玩偶"小王"一起讲述了学习汉语第四声的滑稽故事。这些精彩的才艺展示，不仅给在场观众带来了欢声笑语，也让其他学生对中国文化产生了浓厚的兴趣。

所有参赛选手的才艺表演节目都是在具备相应才艺特长的老师的指导下，结合学生的具体情况进行精心设计的。例如，H老师培训的参赛学生Y同学，会弹吉他，也很爱唱歌，并且对中国的古诗词很感兴趣。因此，H老师建议他一边吟唱苏轼的《水调歌头·明月几时有》，一边弹吉他。这样的表演一方面展现了他的言语表达能力和对中国古诗词的理解，另一方面也展示出他的音乐才能和舞台表演能力。经过激烈的角逐，Y

同学最终凭借着声情并茂的演讲和古诗弹唱打动了所有观众和评委，夺得冠军，获得了代表莫桑比克前往中国参加总决赛的资格。

四、"汉语桥"选拔赛中所遇问题和解决路径

在本次活动筹备期间，蒙大孔院的新手汉语老师们也遇到了各种各样的问题。下面将从参赛学生、培训教师和孔院基础设施3个方面阐述所遇到的问题和相应的解决办法。

（一）参赛学生方面

1.学生汉语表达水平普遍不高，开展培训有一定的难度

本次比赛的参赛选手大多为汉语水平相对较好，就读于汉语专业三四年级的学生。截至2019年5月，这两个年级的学生加起来共60人，而大学生"汉语桥"比赛对学生的汉语表达能力和舞台表演能力的都要求较高。在这60人中，汉语表达能力和表演能力都强的学生并不多。在这种情况下，对大部分新手教师来说，要让参赛学生的演讲和表演能力在短时间内都提升到一定的水平，是一项比较有挑战性的任务。为让参赛学生在比赛中有所收获，教师们全力以赴。在培训的过程中，每位教师都尽自己最大的努力去帮助学生，从开始和学生商量演讲内容，到一轮又一轮的修改、优化学生的演讲稿，再到一字一句地去纠正学生的语音语调，一次又一次地去帮助学生掌握演讲的技巧，一遍又一遍地去录制学生演讲的视频，此中过程，可谓酸甜苦辣。这期间，教师让学生不断总结，一小步一小步地往前推进。最后，让参赛学生能自信地站上那个舞台，讲好他们的汉语故事。

关于学生语言表达方面的问题，H老师有以下反思和建议：学生之所以汉语表达较差，无非是没有良好的语言输入和

输出的环境。课堂上,汉语教师可以创设多种情景,给学生更多开口的机会。但是,课堂上的时间十分有限,老师需要完成教学任务,留给学生的时间并不多。因此,仅课上的语言学习是不够的,课后的语言环境创设同样重要。故汉语教师需要在课上和课下给学生尽可能多地创设目的语环境。在课外,汉语教师可以每周或者每隔几天约定一个时间,在学校或者在某一个咖啡厅,与学生来一场"心与心"的汉语交流会,也可称之为"汉语角"。慢慢地,就可以把这个汉语交流会改成每天的"课后汉语交流俱乐部"。孔院安排老师每周轮流主持1—2次,起到督促和指导的作用。之后,安排汉语水平较高的学生轮流主持后续的交流会,目的是让这些学生起到带头作用。当汉语水平较差的学生提升到一定水平时,汉语教师应鼓励他们积极主动申请主持交流会,以期在此过程中锻炼他们的语言表达能力。这些能力的培养不仅有助于他们的汉语学习,也可为今后各类文化活动的开展储备更多的参与力量,让更多的学生参与到孔院的文化活动中来,还可为下一次的"汉语桥"比赛储备参赛选手,为活动开展注入新动力。

据 H 老师观察,莫桑比克的学生很喜欢一些中文视频,但平时却很少能接触到。一是受经济条件的限制,很多学生没有智能手机;二是学生不知道如何获取适合自己汉语水平的中文视频。其实,通过开设"汉语俱乐部"就能很好地解决此问题。主持俱乐部的老师可以为学生有选择地安排一些中文影视节目。例如,电视剧《家有儿女》《武林外传》《爱情公寓》等,电影《卧虎藏龙》《十二生肖》《哪吒之魔童降世》等,异彩纷呈的综艺节目《开讲了》《汉语桥》《非正式会谈》等,纪录片《舌尖上的中国》《风味人间》《航拍中国》等。通过观看以上节目,既能让学生更加了解中国文化,又能帮助学生创造学习汉语的良好氛围,可称之为"影视汉语俱乐部"。

在具体实施"影视汉语俱乐部"活动前,还有很多的细节需要注意。首先,在活动开始前,主持人要明确告诉学生,观看视频结束后,每个人要轮流分享自己在视频中学到的汉语(字、词、句不限);然后,主持人把事先挑好的词、句等教给学生,进行师生互动;最后,让每位学生结合视频观看体验,轮流用汉语发表自己的观点,加深相互之间的交流。待下一次活动,安排学生主持,重复观看上次活动播放的视频。一方面,是为了照顾那些汉语水平较差的学生,鼓励更多的学生开口讲汉语;另一方面,学生多多少少能听懂一些词句,会让他们很有成就感,对于激励学生学习汉语是非常重要的。

为丰富汉语俱乐部的活动形式,也为满足更多学生的需求,教学生唱一些中文歌曲,如《你好你好》《朋友》《对不起我的中文不好》等,这也是一种很好的策略。教唱的同时,给学生们拍一段合唱视频,给表现优秀的学生拍独唱视频,培养学生参与活动的积极性。学生在参与汉语俱乐部活动过程中,既能培养汉语学习的兴趣,又可以提升自主学习的能力。如此坚持下去,学生的汉语表达能力一定会有令人欣喜的进步。

2.时间观念上存在文化差异,学生培训常迟到

不同文化环境下的人们,必然在观念和思维方式上迥然不同。就时间观念而言,中、莫两国就存在着明显差异。据 H 老师观察,莫桑比克人往往会比原本约定的时间迟到 30—45 分钟。但是,如果就学生培训而言,这一点势必会浪费师生双方很多的时间。在蒙大孔院,学生上课迟到是普遍现象,更不用说非课堂形式的培训了。培训前,任培训老师如何反复强调要准时到达,有些学生虽然当时会满口答应,但是第二天依然会迟到。有好几次,H 老师培训的学生 Y 整整迟到了 30 分钟。

如何解决这一问题呢？L 老师提出了一个好办法。那就是,对于总迟到的学生,培训教师要告诉他们,培训的时间比预先提早了半个小时(但事实上还是按照原来的培训时间进行)。此外,L 老师还建议在距离培训还剩 30 分钟左右时,及时给学生打电话,督促、确保学生准时参加培训。这个办法有一定的效果,却不利于培养学生的积极主动性。

为促进培训工作更好地开展,教师们开始积极探讨,集思广益地制定培训计划。

(1)实施"点对点"的培训计划

首先,汉语教师要在尊重当地时间观念的基础上,站在学生的角度去分析问题。大多数学生的住处距学校有一定距离,且当地交通十分不便,有的同学也确实难以按规定的时间准时参训。其次,教师们结合学生的情况,点对点地积极安排培训时间,确保学生有效参训。例如,有些教师巧抓学生课前和课后的时间开展培训;有些学生住得远,教师就与他约定一个离学生住处相对较近的地方进行培训;有些教师干脆让学生来自己的宿舍楼下开展培训,只要学生一到,随时可以开始培训;还有些教师在和学生商量之后,将培训时间改定在周末集中培训。

(2)实施"多样化"的培训方式

指导教师根据学生们的不同情况,采取了灵活的培训方式。除了面对面培训,还有线上培训、"自学加指导"等多种形式。所谓"自学加指导",即当师生无法面对面交流时,老师给学生发送一些视频资料,让学生先自学,下次见面时,老师再对其做进一步指导和效果评价。多样化的培训形式让本来难以推进的培训工作变得相当有效,也促进了师生之间的互相理解和尊重,有利于"汉语桥"等大型活动的组织和开展。

(二)师资培训方面

负责培训的汉语教师们基本都是新手,大多缺少从事文化竞赛培训的经验。因此,培训开展初期,大家都是在迷茫中探索着。下面以 H 老师的演讲培训经历为例,予以建议分析。

一开始,H 老师就遇到了问题。学生问及演讲稿该怎样写时,H 老师并不能给出具体的指导,只能先安排学生结合"天下一家"这一演讲主题,讲出自己与汉语的故事。学生花了一个星期左右的时间写了好长一段稿子,内容尚可。

紧接着是时间问题。演讲比赛时间为 3 分钟,可演讲稿太长了。H 老师认为,学生比较有自己的主见,不好对他的演讲稿随意删改。于是,第一次修改,只是修改了语法错误,而后又在征得学生的同意后,才删掉了一些内容。如此又反复修改了两次,才着手安排学生熟读稿子,并纠正字音。待其熟悉了稿子的基本内容,基本掌握了正确的发音要领之后,才给学生加上计时要求。

慢慢地,又出现了新的问题。一是读音问题。该生已是汉语专业四年级的学生,已经通过了 HSK 5 级考试。而且,他还去过中国两次,一次是夏令营,另一次是为期一年的汉语培训班。但是,该生依然有很多字、词的发音存在问题,且还不会断句。二是超时和脱稿问题。该生多次尝试计时训练,读稿子始终无法在 3 分钟内完成,脱稿演讲就更有压力了。

由于时间紧,任务重,H 老师不得不再次打起删减演讲稿的主意。这一次,学生 Y 大概也是感受到了压力,他对删减演讲稿很积极,还说了很多自己的想法。再次修改后,又进行了反复纠音。H 老师明白,短时间要求学生达到字正腔圆的标准也不现实,有些不正确的发音,是因长时间未被纠正,导致洋腔洋调明显。因此,老师和学生都要有耐心。好在经过不断的反复练习,学生终于能在 3 分钟内熟读完毕,发音也基本令人满意。至此,H 老师对本次培训开始有了一点信心,可没想到在随后的几次培训中,该生的字音又出现了读不准的情况,断句问题层出不穷。

通过与学生 Y 耐心沟通后,H 老师发现,Y 学习的自主性太差,回家根本不复习,这可如何是好? 后经与其他志愿者教师交流,发现这样的情况比较普遍。甚至有的学生多次拒绝参加培训,最后直接放弃了比赛。究其原因,一是学生自身缺乏信心;二是学生自称需要挣钱养家,没有时间去培训。后来,H 老师其他学生也曾多次说过,莫桑比克人年满 18 岁就要挣钱补贴家用了,他们是边上学边工作的。

所以,在接下来的培训中,学生 Y 大部分时间表现不佳,比较散漫。针对这一问题,H 老师多次尝试探寻解决方法。为不让该生对培训产生抵触情绪,H 老师采取了晓之以理的"嘴皮子"策略。例如,H 老师反复多次向其阐述参加"汉语桥"比赛的各种好处,比如能获得奖金,能去中国参加比赛,等等;并且时不时地夸赞他的汉语水平高,不断鼓励他。每当学生训练表现进步,H 老师就及时鼓励;倘若表现不佳,就及时对他说,很多老师和同学们都相信他的能力,从而重建他的自信心。在谈话过程中,该生一再向 H 老师保证,他会认真努力的。好在培训安排的时间比较长,通过一次次纠音和一次次重复,该生终于背熟了演讲稿,H 老师差点喜极而泣了。

终于到了脱稿计时的训练阶段,新问题又来了。该生只把演讲稿背熟了,演讲技巧一丁点儿都没用上,偶尔还不能按时完成脱稿演讲。为了给学生增强信心,也为了帮他找到可以模仿的榜样,H 老师带着该生一起观看往年"汉语桥"比赛的视频,然后和学生一起总结视频中演讲的优缺点,再让学生去模仿和练习。后来,H 老师又趁着学生训练时为其录制训练视频,然后与学生分析、改进演讲策略,就这样不断强化练习,不断总结经验和不足。

终于,在反复多次练习之后,该生掌握了演讲要领。后来在蒙大孔院举办的大学生"汉语桥"比赛中赢得了冠军,H 老师和同学们真为他高兴!

对于此次培训参赛选手,汉语教师们纷纷表示收获很大。正如蒙大孔院中方院长 G 女士在大赛筹办会议上所言,这样的经历能让新手汉语教师在培训过程中进一步了解、掌握学生的优势和短板,在培养汉语教师发现问题、分析问题、解决问题能力的同时,也能显著提升教师在汉语教学和文化传播方面的能力。

这样一次为期一个半月的"汉语桥"培训,对作为"小白"的志愿者汉语教师来说,是一个必须经历的过程,也是一种历练。虽然过程艰辛,但收获满满。

(三)孔院硬件设施方面

当时蒙大孔院的大楼还在建设中,孔院当时在蒙大只有一间狭小的办公室和几间汉语教室,基础设施不够完善,让活动的开展受到了限制。例如,筹备活动经常需要打印一些材料,但蒙大孔院仅有一台打印机,还时常出故障。此外,莫桑比克的经济条件相对比较落后,很多学生都没有智能手机,因此也无法让他们用手机学习电子版的培训材料。这为本次活动的准备工作和教师们对参赛选手的培训工作,都带来了一定的阻力。

至于培训场地,也是一个严重受限的问题。每次培训,都很难找到空教室。主要原因是蒙大孔院的教室太少,仅勉强满足教学用。所以,一般情况下,即便有空教室也是被上了锁的,老师要提前与校方教室管理人员预约教室，用完之后再找管理员将教室锁起来。种种手续实在太过麻烦，大部分培训老师都不会选择预约教室。有些老师会观察哪位老师上完课了，赶紧跑到教室宣誓"主权"。有些老师找不到教室，只能暂借那间又小又挤的公用办公室进行培训。为了彼此不干扰，还得遵循"先到先得"的规则。没有场地的老师只能在蒙大孔院的走廊上给学生培训。无疑，找不到合适的培训地点对培训的效率和效果都有较大的影响，H老师就曾为培训学生而遍地寻找"领地"。因H老师不在蒙大孔院本部教学点授课，所以，经常没有机会"抢占"最好的培训地点，所以只好经常在走廊给学生培训。走廊旁边都是办公室，培训时，还不能大声说话，学生的演讲情感无法得到完全释放。此外，走廊上总是人来人往，学生总是分心。一会儿跟这个同学说声"你好"，一会儿跟另一个老师说声"老师好"，甚至有时候直接被其他学生或者老师打断。这些干扰都会严重影响培训的效果。

　　至于为什么不能把学生带回宿舍培训：一是因为H老师培训的学生是男生，而宿舍里全是女生，不太方便；二是考虑到志愿者教师的安全问题，蒙大孔院也不建议将学生带回宿舍。

　　校园那么大，为什么不在室外找个地方培训呢？H老师也认为总是在走廊培训，实在不是长久之计，所以每次培训完回家时，都会在蒙大校园走走逛逛，希望能找到一个适合给学生培训的地方。而现实是，这样的地方在蒙大实在不好找。莫桑比克的紫外线太强，没办法长时间站在阳光底下，而在蒙大孔院校园里，能够遮阳蔽日的室外场地特别少。有树的地方要么是沙土地，要是刮起一阵风或是一辆车呼啸而过，眼睛都睁不开；要么就是教学楼和办公楼旁边，会影响他人，不适合学生演讲练习和才艺展演。

　　后来，H老师发现蒙德拉内大学有一处室外图书馆经常是没有人的，虽说是图书馆，但是也仅仅是有一个草棚顶遮挡阳光，四周既没有挡风的设施，也没有坐的地方。这个地方被称作"大草棚"，2018年的"中秋联欢晚会"就是在这里举办的。于是，H老师和Y学生约好上午九点就在那里培训。但开始培训时才发现，这里经常没有人是有原因的。四月份，莫桑比克的天气已经渐渐变凉，早晚大约只有十几度。H学生平时只穿短袖，在阳光下并不感觉冷，但在"大草棚"下面，海风一吹，阵阵凉意袭人，还夹带着一层黄沙。H老师和Y学生俩，不仅被吹得直哆嗦，还被风沙迷了眼睛。坚持培训了一个半小时左右，寒冷和风沙让人受不了，只能匆匆结束这次来之不易的培训时光。第二天，学生就跟H老师请假了，说是感冒了，不能继续培训……学生这一休息就是三四天。学生的病刚好，因为换季和水土不服等，H老师也生病了。

　　为了不耽误培训工作，H老师和学生商量之后，改变了培训方式，即上文提到的线上培训和"自学加指导"的培训方式。另外，L老师在H老师生病期间主动提供了很大的帮助。她在培训自己学生的同时，帮助培训H老师的学生Y。L老师的帮助，让H老师的培训工作实现了线上线下相结合，培训效果得到了保障。

　　在培训期间，H老师和Y学生虽然因培训地点问题经历了一些小波折，但也因此转变了培训方式，提高了培训效率，再加上L老师的热心帮助，最终克服了种种困难，完成了培训任务。

　　在海外开展汉语教学和文化传播活动时，汉语教师们或多或少都会受一些客观条件的制约。这些客观条件不同程度地制约着活动的开展，有些可能直接关系到活动是否能顺利完成。在遇到问题时，应因地制宜和因陋就简地调整活动方案，增强沟通理解，加强教师之间的互助合作，从而克服困难，完成任务，实现目标。例如，蒙大孔院仅有少量的演出道具和服装，很多才艺表演环节需要用到的道具和服装无法得到满足。这导致参赛选手在选取参赛节目时受到了一定的限制。为解决以上问题，蒙大孔院的汉语教师们各显神通。例如，F 志愿者教师将自己从中国带到莫桑比克的一身旗袍借给了她所培训的参赛学生穿，L 老师为她所培训的参赛学生向其他学生借表演道具，X 老师和学生一起制作道具，这些方法有效地解决了燃眉之急。

五、结语

蒙大孔院本次大学生"汉语桥"选拔赛，从活动安排到比赛进行，细致合理、有条不紊。比赛规模较大，观众也较多，尤其展现了丰富多彩的中国文化。比赛全程体现了中莫合作、友好交流的理念。总体而言，本次活动是比较成功的。

从志愿者教师的角度来说，本次活动与以往举办的活动相比，更像是一场志愿者教师培训大赛，不论是参赛学生，还是指导教师，均有很大收获和提升。事实上，各国孔子学院的很多文化活动几乎都涉及"培训"这一环节，教师们尤为需要通过这样的培训活动来提升自己的能力，积累中国文化教学经验和传播中国文化的实践经验。

此次参与培训的志愿者教师都是 Z 大学的汉语国际教育专业硕士研究生。即便出国之前也曾接受过岗前培训，对赴任国国情、赴任的孔院教学现状及文化活动开展情况等都有了一定的了解，但纸上得来终觉浅，绝知此事要躬行。只有真正参与到实际的中国文化传播活动中，才能直面困难，最终克服困难。例如，没有适合的培训场地，没有充足的演出装备，那我

们就要学会因陋就简,利用好现有的一切条件,再各显神通地
创造一些条件。再比如,遇到跨越文化交际障碍应该怎么处
理,学生不合作怎么办,培训效率低又该怎么去解决,等等。这
些都是开展文化传播活动过程中常见的问题。解决这些问题
最好的办法,就是要有发现问题、接受问题、分析问题、解决问
题的态度和信心,还要学会不断反思和总结。此外,要学会加
强与孔院其他老师的协同合作,在遇到问题时,应互帮互助,彼
此分享经验,共同面对、共商对策,知难而上、迎刃而解。

案例思考题

1.如何选择中国文化传播活动的形式、内容和传播途径?

2.如果你在中国文化传播活动过程中遇到案例中的问题,
你将如何解决?

3.如果让你来培训一位海外大学生"汉语桥"选拔赛选手,
你将如何开展培训? 说出你的计划和安排。

4.请选择一个国家或地区的孔子学院,设计一场中国文化
传播活动。

案例使用说明

1.适用范围

(1)适用对象:孔子学院汉语教师,汉语国际教育专业研究
生和本科生。

(2)适用范围:中国文化国际传播。

2.教学目标

(1)了解孔子学院文化传播活动的开展情况。

(2)掌握孔子学院文化传播活动的举办流程。

（3）思考孔子学院文化传播活动的方法和策略。

（4）提升中国文化国际传播活动的意识和能力。

3.相关要点

（1）相关理论

①"5W"传播模式理论

1948年,美国著名学者的哈罗佳·拉斯韦尔明确提出了传播过程及其五个基本构成要素,即:谁（Who）;说了什么（Says what）;通过什么渠道（In Which Channel）;对谁说（To Whom）;取得了什么效果（With What Effect）。本文在传播者、传播对象、传播内容、传播媒介以及传播效果等方面均有所涉及。本案例以拉斯韦尔"5W"理论中"传播者"为主要理论分析视角。

②"跨文化传播"理论

由于不同文化背景的人存在语言、风俗、价值和信念等方面的差异,如果没有意识到文化的差异,不了解对方的文化背景,就容易对沟通交流造成阻碍。本案例中,培训老师遇到的时间观念差异等问题,就是师生所属的文化国别不同所导致的。跨文化交际必然会给中国文化传播带来一些障碍,同时也会让我们增加了解异域文化的决心和动力。更为重要的是,在寻找解决办法的过程中,会锻炼汉语教师跨文化交际和跨文化传播的能力。作为汉语教师,学会化交际障碍为交际能力,是非常重要的。

（2）关键知识点

孔子学院教学特点、"5W"传播模式理论、中国文化传播活动设计。

（3）关键能力点

结合不同国家和地区孔子学院的实际情况,高效整合各方面可用的资源,策划符合孔院发展的特色文化传播活动方案。

（4）案例分析思路

本文结合 H 老师自身一年的志愿者经历,选择 2019 年莫桑比克蒙德拉内大学孔子学院第十八届"汉语桥"比赛活动作为案例进行叙述和分析,希望起到抛砖引玉的作用,以期为今后的中国文化传播活动提供一定的参考价值,同时也希望国际汉语教师,在中国文化国际传播活动策划和实践中,能够推陈出新,取得更好的传播效果。

4.教学建议

（1）教学时间:课堂时间建议控制在 120 分钟以内,一个案例为一次课,共 3 次课。

（2）教学步骤:案例导入环节(建议时间 5 分钟)→阅读案例环节(建议时间 15 分钟)→分组讨论环节(建议时间 20 分钟)→教师对本文案例点评环节(建议时间 20 分钟)→分组设计文化活动(建议时间 20 分钟)→学生相互点评环节(20 分钟)→教师对学生设计的文化活动点评环节(20 分钟)。

（3）教学方法:案例分析、阅读指导、分组讨论、探究性学习等。

（4）讨论建议:教师可以让有过海外汉语志愿者教学经历的研究生们分享与本文案例相似的经验,讨论不同国别的孔子学院在类似文化活动策划中遇到的问题都有哪些相同点和异同点,具体又是如何解决的,通过不同案例的总结和反思,丰富学术对话,提升理论高度。

5.推荐阅读

[1] 陈刚华.从文化传播角度看孔子学院的意义[J].学术论坛,2008(7):162-167.

[2] 陈国明.跨文化交际学[M].上海:华东师范大学出版社,2009.

[3] 才亚楠.从孔子学院谈中国文化的海外传播[J].语文

教学通讯刊,2014(12)：5-8.

　　[4] 郭庆光.传播学教程[M].北京：中国人民大学出版社,2011.

　　[5] 吴瑛.孔子学院与中国文化的国际传播[M].杭州：浙江大学出版社,2013.

　　[6] 李哈布,纪能文,肖忠民,等.如何通过文化活动促进汉语教学？——非洲孔子学院院长论点集萃[J].孔子学院,2010(6)：24-31.

面向华侨子女的"寓言故事" 主题教学设计 *

李　旭　　王珊珊

摘　要:随着意大利华侨人数的增多,华侨子女系统学习汉语的需求不断增加。由于他们与国内传统语文学科的教学对象和学习汉语的国外学生不同,在对外汉语教学中,作为汉语学习特殊群体,华侨子女需要有相应的教学模式。目前,在对外汉语教学中,寓言故事教学的研究有很多,但针对海外华侨的寓言故事教学设计的研究还不足。这需要教师在教学过程中找到更加适合海外华侨的教学设计,以提高学生学习汉语的兴趣,更好地掌握汉语并传承中华文化。该案例全面描述了以寓言故事为主题的教学设计以及在意大利佛罗伦萨中文学校的课堂实践过程,并从教学中获得有效的教学反馈,综合分析得出可应用于实践教学的启示。

关键词:寓言故事;教学设计;华侨子女

---

　*　作者简介:李旭,男,浙江永康人,浙江师范大学国际文化与教育学院副教授,硕士生导师。王珊珊,女,河北沧州人,浙江师范大学国际文化与教育学院 2017 级硕士研究生。

The Teaching Design for the Theme of Fables for
Overseas Chinese Children

Abstract：Along with the increasing number of overseas Chinese in Italy has come the ever-increasing demand for overseas Chinese children to systematically learn Chinese. As a special group of Chinese language learners, overseas Chinese are different from the intended learners of traditional instruction in langage subjects in China. The difference is even greater between them and foreign students who study Chinese. In their study of Chinese as a foreign language, oversease Chinese children need an instructional model that corresponds to their special situation. At present, there is a lot of research on the teaching of fables in the field of teaching Chinese as a foreign language. However, there is inadequate research-based data related to instructional design for teaching fables to overseas Chinese. This requires teachers, while in the process of teaching, to find instructional methods that are more appropriate for overseas Chinese to increase their interest in learning Chinese, to improve their mastery of Chinese and to pass on to them their Chinese cultural heritage. This case study comprehensively describes a teaching design with fables as its theme and the process of its implementation at the Florence Chinese School, including the effective instructional feedback received from teaching. This in turn leads to the comprehensive analysis of the teaching insights obtained from this study that can be used in practical teaching.

Key words：Fable Stories; Teaching Design; Overseas Chinese Children

背景信息

　　近年来,中意两国的区域交流与合作不断深入,随着中意共同签署并推进"一带一路"建设的谅解备忘录,汉语的重要性和实用性日益突出,越来越多的意大利民众接触中国文化,汉语学习人数日渐增多,汉语在意大利的教育地位逐步提高。

　　受意大利主流教育的影响,处在意大利社会和华人社会之间的华侨新生代更应该具备良好的中国文化知识和汉语能力,从而在当前中意经济、政治、文化交流大背景下,顺应世界文化多元的现实与知识经济时代的潮流,成为具有国际竞争力的双语双文化人才、在意华人社会的栋梁和中意交流的桥梁。

　　佛罗伦萨中文学校由温州籍华侨潘世立于 2001 年 9 月创办,经过多年的发展,已经具有一定规模和影响力。佛罗伦萨中文学校始终秉承"以特色求生存、以制度求质量、以交流求发展"的办学理念,让佛罗伦萨地区更多的华人华侨子女接受更好的教育,培养既懂意大利文化知识又了解中国文化知识的合格公民为目标,从而增强弘扬中华文化力度。

　　W 老师在教学过程中调查发现,佛罗伦萨中文学校学生整体的听力和口语水平较高,但是语言组织、阅读和写作水平等都亟待提高。而寓言故事具有提高学生阅读以及写作能力,加深学生对于中华文化的了解,提升学生的道德修养,提高汉语教学整体水平的作用。因此,本案例结合教学对象的特点及需求,设计出符合学生的"寓言故事"主题教学方案并应用于课堂,通过课堂观察及课后访谈获得学生的反馈,找出不足之处并提出具体的改进方法,以此实践为契机,探索适用于意大利华文学校中小学生的汉语教学模式。

案例正文

一、学习现状调查

由于佛罗伦萨中文学校的教学对象主要是华侨子女,因此在进行寓言故事为主题的教学设计之前,需要对教学对象的学习背景以及汉语水平进行调查与分析,从而设计出符合教学对象水平的课堂教学。

(一)教学对象以及学习时间的特殊性

佛罗伦萨中文学校面向的招生群体主要是意大利华侨子女,招收学生时,没有设立入学考试。学校的中文教育旨在与中国国内汉语教育接轨,因此采用的教材是国内的人教版语文教材,便于许多在国内读过书的学生来到佛罗伦萨后与所学知识进行对接。招收学生时,若学生之前没有接受过任何系统的中文教育,无论年龄大小,均视为零基础学员,从小学一年级开始学习。若学生有在其他学校接受中文教育的经历,则根据教材衔接来安排年级和班级。

佛罗伦萨中文学校教学时间为周一至周五,学生每天8:00—14:00 需参加用意大利语教学的课程,在下午 2 点后参加两个课时的汉语课程,每课时 45 分钟。并且学校有明确的教学进度安排,要求教师每学年完成 3 本书的教学任务。虽然课程时长与国内语文课时量相近,但学生上午的学习处于非中文环境,因此,学期学习任务相当繁重,学生学习的知识很难得到巩固,学习的知识会很快忘记。

(二)学生汉语水平分析

通过对学生课堂表现的观察,结合接送学生时与家长的沟通,W 老师了解到,学生有良好的汉语口语学习背景,平时与家人用温州方言沟通;而在中文学校学习时,与教师以及其他中国学生交流均用普通话,因此,日常的口头交流完全没有问题。经 W 老师观察,学生在汉语课堂上就某个固定话题进行口头讨论并发言时,在语言组织方面有所欠缺,发言条理不清晰。另外,语音、语调不太准确,而且常出现语法错误,更有个别学生要将意大利语翻译成汉语来发言,自己完全不会用汉语普通话发表自己的意见。经过多次听写测试和单元考试发现,学生的汉字书写很随意,存在汉字笔画错误、字形结构错误、字迹潦草等问题。而且,学生在阅读和写作方面整体水平较低,在阅读中遇到不认识的生字词时,缺乏联系上下文猜测词义的能力,以致不理解阅读的文本内容;在做阅读题时,存在对题目的理解有误,总结段落或文章大意有困难,无法提取文本主要信息等问题。在写作方面,存在的问题更多,如:看不懂作文要求,导致作文跑题;作文过于口语化,叙事拖沓;通篇没有标点符号;句子不通顺,有语法错误;大篇幅的拼音及错别字;文章完全没有结构与逻辑;等等。

总之,学生整体的听力和口语水平较高,但语言组织、阅读和写作水平亟待提高。

(三)对寓言故事的了解差异较大

首先,W 老师就"汉语寓言故事"这个话题对班级里汉语学习水平较高的学生进行访谈,发现学生虽然能举出寓言故事的例子,但对寓言故事的含义完全不了解;没有学生可以准确、全面地说出寓言故事的具体定义。访谈文本转录如下:

师:你知道什么是寓言故事吗?

生:知道呀,就是我们之前学过的《狐假虎威》那种的,对不对?

师：对，是的。那你能跟老师说说，你觉得寓言故事有什么特点吗？

生：就是挺有意思的，讲个故事。

师：是的，那讲故事是为了做什么呢？

生：就告诉我们一个道理，告诉我们要做什么不要做什么，我记得是这样，不知道对不对。

师：你说得对，很棒。

其中有的同学称自己完全不了解寓言故事的概念，但教师说出《亡羊补牢》《守株待兔》等提示时，表示自己知道这些故事，只是不知道它们被称为"寓言故事"。访谈文本转录如下：

师：你知道什么是寓言故事吗？

生：有点印象，但是不太确定，老师，可以给点提示吗？

师：没关系，我们接下来会学习。那你记得我们以前学过的《守株待兔》或者类似的故事吗？

生：这个记得，还有《亡羊补牢》呢。噢，想起来了，这种就是寓言故事。

师：是的，那你觉得《守株待兔》《亡羊补牢》这样的寓言故事有什么特点吗？

生：故事里面的人都很傻吧。

师：哈哈哈，现实里是没有人这么做的，那么为什么编这么傻的故事呢？

生：应该是要告诉人们这太傻了，不要去那么做吧。

师：嗯，有这样的原因，就是要告诉人们一个道理吧。

有 5 位同学表示自己完全不知道寓言故事以及寓言故事的相关内容。访谈文本转录如下：

> 师：你知道什么是寓言故事吗？
>
> 生：不知道……
>
> 师：不知道没关系，我们上课会讲的，那你记得之前学过的《守株待兔》这类的课文吗？
>
> 生：不记得了……
>
> 师：没关系，我们会学习新的。《狐假虎威》《亡羊补牢》呢？这些故事听说过吗？
>
> 生：老师，我什么都不记得了。
>
> 师：没关系，那上课的时候专心听老师讲课，你就会都记起来的，加油。
>
> 生：好的。

W 老师在访谈后总结分析，认为学生对于寓言故事的掌握程度差异较大，而且这种程度的差异是在以前的学习过程中累积起来的，似乎很难改变。

二、根据教学对象进行教学设计

(一)"寓言故事"主题教学内容选择

佛罗伦萨中文学校本着与国内教育接轨的宗旨，采用人教版小学语文教材进行教学。本案例主要从人教版小学语文教材四年级下册选取第 29 课《寓言两则》中的《纪昌学射》和《扁鹊治病》展开以寓言故事为主题的教学。

这两篇寓言故事作为教材要求学生掌握的内容，符合学生现有的汉语知识储备和心理接受程度，并且容易引起学生的学习兴趣。同时，以寓言故事为主题的教学可以使学生了解更多的中华文化知识，使其产生文化认同感。

（二）"寓言故事"主题教学教案设计

1.教学目标设置

（1）语言目标

①掌握"寓言故事"主题中涉及的 14 个生字，并且正确读写"妻子、百发百中、纪昌学射、聚精会神、理睬、肠胃、汤药、医治、扁鹊治病、无能为力、敷烫、骨髓"等词语。

②掌握寓言故事的复述技能，并且发音准确、流利地通读全文；能够发表自己对所学寓言故事的独到见解。

（2）文化目标

①了解并理解《纪昌学射》中蕴含的内涵，能够把纪昌学习射箭时的虚心、专注、决心和坚毅等美好品质与自己学习汉语、学习中华文化知识联系起来。

②增强对中国文化的认同感，有意识地传承中华民族勤劳专注的传统美德并发扬光大；了解《扁鹊治病》中蕴含的为人处世之道，遇到问题时要善于听取别人的意见，不要一意孤行铸成大错，并应用于自己的学习与生活中，养成良好的生活习惯。

③能更加深刻认识到中国文化与意大利文化的差异，形成自己独特的文化观。

2.教学重点与难点

（1）词汇重点：正确读写"纪昌学射、百发百中、聚精会神、理睬、扁鹊治病、无能为力"等词语，并且可以解释词语的意思。

（2）认知重点：《纪昌学射》一文中纪昌成为百发百中的射箭能手的原因。《扁鹊治病》一文中蔡桓公为何会因为一点小病最终走向死亡。

（3）词汇难点："骨髓、理睬、扁鹊、敷烫"等词语的正确书写。

（4）认知难点：《纪昌学射》一文中，由纪昌成为射箭能手的原因上升到汉语学习和中华优秀传统文化传承的层面；《扁鹊治病》一文中，吸取蔡桓公因讳疾忌医终致病入膏肓、药石无用的教训，总结出对自己学习和生活有益的道理。了解两则寓言故事中蕴含的深刻道理并且有自己独到的见解。

3.教学方法

主题式教学法。

4.教学用具

电脑、PPT、黑板、粉笔。

5.教学步骤

"寓言故事"主题教学分 4 次授课，每次两个课时，常规课时 55 分钟（课堂活动例外，后附具体教学步骤）。W 老师 4 次课的教学设计如下：

第 1—2 课时　　生字、词语

（1）组织教学（5 分钟①）

教师和学生互相问候，谈论天气和新近趣事。

组织教学这一环节体现了教学中的情感因素。营造良好的教学氛围，可以拉近师生之间的距离，从而使学生更快地进入学习状态。在上课之前可以与学生互相问候，以朋友之间交谈的方式，聊聊最近发生的事情，或者是对老师的课堂授课提出意见或建议，拉近教师与学生的距离，有助于让学生更加喜

---

　　①　预估建议教学用时，具体教学时长由教师根据课堂授课节奏灵活调整，下同。

欢中文课程。可以给学生 2—5 分钟左右的时间准备进入课堂状态,教师也可为课堂教学的开始做准备。

(2)复习检查(5 分钟)

点评学生作业的完成情况;然后,引导他们回顾上节课学习的主要内容,做到温故知新。

复习以及作业检查是教师对于自身教学效果的一项重要反馈手段,同时也能帮助学生巩固所学知识。在复习的过程中,教师可以通过了解学生对于所学知识的掌握情况,来判断自己的教学方法是否需要改进。通过检查学生作业的完成情况,及时了解学生的学习状态。

(3)讲授新课(20 分钟)

通过小组讨论汇总的方式来完成"把文中的生字词语标上拼音"这一预习任务,教师在每组中找一位代表来读课文中的生字词语,另一位代表到黑板上来写,并采取小组加分制度进行积分,通过小组讨论来纠正一部分学生在自己预习时的拼音或字词错误,加深印象。每个小组派代表的竞争方式让学生更有兴趣和动力。

教师用 PPT 展示文中的生字、词语的读音、意义以及重点生字的笔画顺序,借助师生互动的机会来对本文的生字词语进行讲解。

(4)"一站到底"课堂活动(10 分钟)

从举手的学生中抽查学生参加活动,然后向学生展示接下来需要回答的问题,每位学生需要回答的问题不同,问题包括正确朗读生字词语,简单解释词语意思以及组词等,限时 1 分钟,且每人只有一次挑战机会,如果学生在规定时间内正确回答问题,则为挑战成功,教师会给予相应奖励;若出现错误或者超出规定时间,则视为挑战失败。

（5）课堂听写（10 分钟）

对本课已学的生字、词语进行当堂听写测试，听写成绩作为平时成绩的一部分。

（6）总结（4 分钟）

老师对课堂活动以及学生的表现作出点评，安慰没有拿到奖励的学生，鼓励他们再接再厉。总结、复习今天学习的生字和词语。

（7）作业布置（1 分钟）

大家知道什么是寓言故事了吗？搜集你所知道的寓言故事，下次上课来给大家讲一讲。

第 3—4 课时　纪昌学射

（1）组织教学（2 分钟）

老师与学生互相交流问候，谈论最近作业完成情况。

（2）复习检查（8 分钟）

点评上节课听写测试结果，同时进行生字、词语的复习。在检查上节课布置作业的同时，导入即将学习的寓言故事主题教学。抽查学生与大家分享自己所知道的寓言故事，教师总结。

（3）讲解新课（35 分钟）

根据学生讲述的寓言故事与学生一起口头总结"寓言"的特点，并用 PPT 展示其含义。接下来，展示一些学生熟悉的寓言故事配图，例如《乌鸦喝水》《掩耳盗铃》《狐假虎威》《揠苗助长》……帮助学生回忆以前学过的寓言故事，并且简单总结这些寓言中蕴含的哲理。通过讲解寓言的定义，让学生对将要学习的寓言故事有一个更加系统的了解。通过图片展示学习过的寓言，帮助学生回忆起学习寓言时的情景，引导学生加深对寓言的认识。

　　通过展示小视频,帮助学生了解课文大意,并且对学生提出以下问题:

　　①为什么射手飞卫要纪昌先练习眼力,再练习射箭?

　　②假如纪昌没有听取飞卫的意见,不练习眼力,会怎么样?

　　③假如你教纪昌射箭,会先让他做什么?

　　④纪昌花了几年时间来练习眼力,值得吗?

　　引导学生回答以上问题,并对纪昌成功学会射箭的原因进行总结。

　　让学生对纪昌练习眼力时的状态进行适度模仿,体会保持"睁大""注视""聚精会神""一眨不眨"状态的艰辛,从而体会到文中人物的专注与强大的毅力,结合纪昌学射取得成功的原因,总结这则寓言故事所蕴含的道理:纪昌学射的成功,体现了中华文化一直以来秉承的虚心、专注与坚持不懈的美好品德,我们在学习汉语的道路上也要秉承这个原则,不忘初心,才能取得满意的结果。

　　(4)总结(9分钟)

　　采取师生问答的形式对今天所学的这则寓言故事进行总结,鼓励学生开动脑筋,思考自己通过今天这则寓言故事的学习,有哪些见解。

　　(5)作业(1分钟)

　　你知道扁鹊吗?你对中医了解多少?查阅资料下节课分享。

第5—6课时　扁鹊治病

　　(1)组织教学(2分钟)

　　检查学生出勤情况,与学生互相交流问候。

　　(2)复习检查(8分钟)

　　抽查学生对上节课学习内容的掌握情况,主要检查对所学寓言的理解情况。引导学生相互分享查阅到的扁鹊及中医相关资料。接着,教师对这些材料做出归纳和总结,由此引出接下来要讲的内容。

(3)讲解新课(35分钟)

借古代名医使虢国太子《起死回生》的传奇故事导入本文将要学习的主人公之一——扁鹊。PPT展示扁鹊的生平事迹并且介绍扁鹊对中医的贡献,介绍"望、闻、问、切"的含义,从文化层面简单分析中医的独特之处。介绍扁鹊《起死回生》的故事以及扁鹊的生平,使学生认识到扁鹊的医术高明以及中医的神奇之处,引起学生对与中医相关的中华传统文化的兴趣。

教师提出以下问题,交由学生思考:

①蔡桓公为什么不相信神医扁鹊?

②为什么扁鹊要在蔡桓公不相信他、不理睬他的情况下,还去劝诫?

③扁鹊最后为什么在蔡桓公找他之前就跑到秦国去了,而不是等着蔡桓公上门医治?

④扁鹊每次拜见蔡桓公,眼睁睁看着他的病情加重却被忽视,他的内心活动是怎么样的?

⑤蔡桓公每次见扁鹊来拜访自己时,都说自己有病,他的心理活动又是怎样的?

教师通过一步一步引导学生体会文中人物的心理活动,学生小组自主讨论并且发表自己的见解。

教师总结,体会蔡桓公根本没有察觉到自己有病,所以不相信扁鹊的话,而且他固执己见,一意孤行,不听劝告导致了自己的死亡;扁鹊有着作为医生应有的治病救人的责任感,因此怀揣善意一次次提醒蔡桓公治病;而当扁鹊觉得蔡桓公的病已经无药可医,即使找到自己也无法使其痊愈时,为了自身的安全,就跑去了秦国。这里面体现的中华文化要素是需要学生体会到的。

（4）总结（10分钟）

师生共同总结这则寓言故事所蕴含的主题含义，并要求学生关于本寓言故事发表自己的见解，从寓言故事中学到什么使自己受益的道理，应用在学习生活中应该怎么做。

第7—8课时　"寓言故事会"主题活动

（1）组织教学（10分钟）

与学生互相问候并引导学生探讨从"寓言故事"主题教学中包含的两则寓言故事中学到的深刻道理及中华文化知识。

（2）主题活动开展（80分钟）

本次"寓言故事会"主题活动以小组为单位，通过自主创作的形式充分发挥学生的创作能力并锻炼学生的组织能力、小组合作能力以及表演能力。

故事中所用道具需要学生自己创作，场景布置、背景音乐的选择及PPT的制作可以与教师协商，由教师提供相应的必要帮助。在活动形式方面，可以是小组中一位或者两位同学讲述故事，其他同学扮演道具或作为故事背景出场，也可以是小组成员通过分角色扮演来演绎故事情节，并在故事演绎结束后向大家说明其中所蕴含的道理。

班级中所有学生都参加"寓言故事会"，每组抽选一位评委给除本组以外的其他组进行评分，最后以平均分来结算评比，进行奖励。小组打分竞争的制度调动了同学们的积极性。学生在参加"寓言故事会"时巩固了学过的寓言故事，同时学习了新的寓言故事，并学习了对自己的学习生活有益的哲理。

下面以主题中《扁鹊治病》一文的第二课时为例进行具体的课堂教学展示。

教案

1. 教学对象:佛罗伦萨中文学校圣托里诺校区三年级班

2. 课程类型:以"寓言故事"为主题的综合课

3. 教学内容:《扁鹊治病》课文内容

4. 教学目标:

(1)理解《扁鹊治病》一文中人物的心理活动。

(2)体会人物举动背后的文化内涵,以及本文蕴含的道理。

5. 教学重点及难点:使学生理解寓言故事中蕴含的文化内涵

6. 教学时间:45分钟

7. 教具:电脑、PPT、黑板、粉笔

8. 教学过程:

(1)回顾总结并导入(10分钟)

①教学说明:以师生互动的方式回顾上节课内容,并播放小视频来回顾上节课的课文内容,接下来采取师生问答的形式以"扁鹊给谁,治什么病? 怎么治? 结果怎么样?"的方式复述课文内容。

②设计意图:要求学生复述寓言故事,训练学生的总结和表达能力。

(2)讲解课文(5分钟)

①教学说明:教师对前面涉及的扁鹊及蔡桓公的举动做出总结。

②教师总结:首先,扁鹊出于医生的医德才一次又一次去提醒蔡桓公治病,他觉得自己应该对病人负责;其次,扁鹊作为一位医德良好的医生,当他觉得自己无法治疗时,就跑到秦国,是出于自己的安全考虑。

③故事脉络:结合课文内容连线。

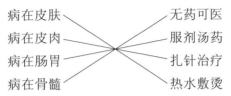

（3）课堂活动(20分钟)

①教学说明:想象蔡桓公的心理活动,小组讨论,在空格处补充合适的词语,然后分角色扮演。

②设计意图:充分发挥学生的想象力,角色代入思考问题,锻炼学生的思维以及表演能力。同时,这种方式帮助学生更好地理解课文,有助于学生理解人物举动背后隐藏的文化内涵。

第一幕

扁鹊在蔡桓公身边站了一会儿,_____地说:"大王,据我看来,您皮肤上有点小病。要是不治,恐怕会向体内发展。"蔡桓公心想:_____。于是_____地说:"我的身体很好,什么病也没有。"扁鹊走后,蔡桓公_____地对左右的人说:"这些做医生的,总喜欢给没有病的人治病,医治没有病的人,才容易显示自己的高明!"

第二幕

扁鹊又来拜见蔡桓公,_____地说道:"您的病已经发展到皮肉之间了,要不治还会加深。"蔡桓公听了很不高兴,挑了挑眉毛,心想:_____,于是没有理睬他。扁鹊又退了出去。

第三幕

十来天后,扁鹊再一次来拜见,_____地对蔡桓公说:"您的病已经发展到肠胃里,再不治会更加严重。"蔡桓公听了非常不高兴,盯着他看了看,心想:_____,一句话也不再说了。扁鹊连忙退了出去。

第四幕

蔡桓公躺在病榻上,奄奄一息地想:_____
_____。

③教师总结

A. 扁鹊在向蔡桓公提建议的时候抱着负责任的态度,所以很"诚恳",但是蔡桓公并不觉得自己有病,所以心想"我身体那么好,怎么会有病呢?"态度也是"不以为然",在扁鹊走后,觉得扁鹊是为了显示自己医术高明才那么说的,因此用"讥讽"的语气。

B. 扁鹊又来拜见蔡桓公,面对君王这个病人,他自然是"再次诚恳"要求蔡桓公治病,但是蔡桓公觉得他很烦人,于是此时会想:"我有没有病我自己清楚!他老唠叨,可真烦!"

C. 扁鹊再次拜见蔡桓公时,他的病已经发展到肠胃,作为医生他有一颗治病救人的心,却又为蔡桓公的不听劝感到"焦急"。但是蔡桓公丝毫不觉,还是觉得他在骗人,甚至连话都不想多说,心想:"这个人实在太讨厌了!有病我自然会治,用不着他啰嗦!"

D. 此时的扁鹊已经逃去秦国,蔡桓公明白自己死期将至,他躺在病床上应该是很后悔的,心想:"我当时要是听一听扁鹊的话就好了,哪怕听一次也好,就不会落到现在这个地步了。"

④教师提问：分析完扁鹊和蔡桓公的心理活动，大家觉得，他们两个分别是怎样的人呢？

⑤教师总结：扁鹊多次诚恳地为蔡桓公治病，在蔡桓公不听劝告的情况下，依旧为病人着想，说明他是一位医术高明、为他人着想的好医生。

蔡桓公固执、傲慢、自以为是，最后咎由自取，导致了自己的死亡。

9.总结(9分钟)

(1)教师提问：你从《扁鹊治病》这则寓言中，学到了什么呢？

(2)教师总结：

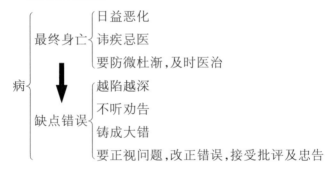

(3)寓言启示：通过学习这则寓言，我们知道在生活中要防微杜渐，不能讳疾忌医，要善于听取别人正确的意见。

防微杜渐：微，微小；杜，杜绝；渐，事物的起始、发展。形容在错误或者坏事初始时就要杜绝掉，不让其有往下发展的趋势。

10.作业布置(1分钟)

回家给家长讲讲扁鹊治病的故事，并说说你从中学到了什么道理。

三、教学反馈与反思

(一)学生个人前后对比

为了检验教学效果,在教学结束后的两天里,W 老师对全班学生按照之前的访谈分组再次逐个进行了访谈,发现学生确实发生了积极的转变。访谈文本转录如下:

师:你觉得这几节课上完后感觉怎么样? 随便说说,不要不好意思。

生:挺有意思的,我很喜欢这样的上课方式,要是老师们都这么上课,我什么都能学会,哈哈哈。

师:谢谢夸奖,那么学完这节课你感觉对"什么是寓言"这个概念比以前清晰了吗?

生:清楚了,以前只知道什么类型的是寓言,现在知道"寓"和"言"分别是什么意思了,一下子就明白了。

师:那你觉得什么是寓言?

生:一般都是用比较短的故事来告诉人们一定的道理,教人们做人或者做事。

师:嗯,说得可以。

之前对寓言故事的概念不够清晰的学生也能够用自己的话去阐述寓言故事的概念。访谈文本转录如下:

师:这几节寓言故事的课都完全听懂了吗? 学完之后你感觉对"寓言"这个概念比以前清晰了吗?

生:都能听懂,老师讲得很清楚了。

师:以前你觉得什么是寓言故事,现在呢?

生：以前就是知道它叫"寓言故事"，不知道什么意思，现在知道"寓言"就是把道理放在故事里来告诉人们。

师：好的，总结得挺好。

之前对寓言故事一无所知的学生也有了一定的进步。访谈文本转录如下：

师：我们上完寓言故事的课了，学完这节课你感觉对"什么是寓言"这个概念比以前清楚了吗？

生：清楚了。以前什么都不记得了，现在知道了。

师：好的，要及时复习才能记得更牢固。那你说说什么是寓言呢？

生：就是有一个故事，它会告诉人们一个道理，告诉人们怎么做是对的。

师：对，意思是这样的，能用自己的话说出来，说明你理解了。那么通过学习寓言故事，你觉得自己学习到了寓言故事中蕴含的哲理了吗？

生：学到了吧，就是做事要坚持还要听别人的劝告，要不然会死。

师：哈哈哈，那你是背过了还是真的领悟到了道理呢？

生：一半一半吧。

（二）学生对整体教学的反馈

第一，学生普遍反映，寓言故事主题课的学习加深了他们对"寓言"概念的理解，了解到寓言里都蕴含着深刻的哲理，表示意大利课堂教学中也有类似这样的故事,现在深入学习汉语寓言故事以后才知道原来它们属于同一种文学体裁。大部分学生主动提出下次要向老师借阅与寓言故事相关的课外书。

第二,接受访谈的所有学生都表示,喜欢教师用播放动画视频这种方式来讲述寓言故事。通过这种方式,学生可以很快知道寓言故事的内容,而且动画带来了很好的课堂效果,很容易吸引学生,上课的注意力也很容易集中起来。

第三,学生们普遍认为自己对"寓言故事"主题教学设计中涉及的寓言及其蕴含的中华文化内涵有清楚的认知。有部分同学甚至在后续的课堂教学及生活中遇到类似的场景时,也能很快想起这是在哪个寓言故事中学习的道理。许多同学表示,很喜欢学习"寓言故事",因为自己可以学到生活的启示和做人的道理,并且能了解并掌握中华文化相关的知识。

第四,对于"寓言故事会"这一主题活动的举办,同学们纷纷表示很喜欢这样活跃的、大家都能参与进来的课堂活动,因为这不但很好地锻炼和提升了自己的动手能力和表演能力,而且在参加活动的同时不知不觉就把活动的内容记住了。活动过后,大家一起讨论活动中某位学生讲述的什么寓言故事时,又加深了对故事的记忆和理解。

第五,许多同学表示,在讲解《扁鹊治病》时,想要知道更多的关于中医"望、闻、问、切"的知识,觉得中医很神秘,但是老师并没有仔细讲解。学生们对中华文化充满了好奇,希望老师能专门给学生普及一些关于中医、中国历史上的朝代更迭、历史人物等中华文化知识。

(三)教学反思

在教学结束后,W老师根据学生的课堂表现及课后反馈对这次的寓言故事主题教学设计课进行了总结和反思。

本次寓言故事主题教学设计的教学实践，检验了教学设计的合理性和可行性，基本上达到了预期的教学目标。由于已经对佛罗伦萨中文学校圣托里诺校区三年级学生感兴趣的教学内容和教学方式做了调查，所以学生在课堂上表现出了较高的积极性和配合度。更重要的是，在本次教学设计中，学生们表现出了对中国寓言故事及中华传统文化的强烈求知欲，感受到了中华文化的独特魅力。这对于生长在海外的新生代华侨来说是难能可贵的。

针对在寓言故事主题教学设计中出现的问题以及需要注意的事项，W老师提出以下几点教学建议：

1. 文化知识普及

寓言故事主题教学生动有趣，富有教育意义，而且教师可以围绕寓言相关点设计并开展一系列的教学活动，但要避免过于侧重听、说以及口语交际的能力，而造成读写与听说能力发展不平衡。佛罗伦萨中文学校对学生的读写能力十分重视，因此需要在教学时增加读写方面的教学内容。由于开展以寓言故事为主题的教学需要的课时量比较多，而佛罗伦萨中文学校的教学进度很紧张，并且严格按照课本进度执行教学，因此无法将此主题教学运用到整个学期的教学当中，只能作为寓言专题课为学生开设。而且考虑到华侨学生对中华文化知识及历史知识欠缺的现状，教师需要在讲解寓言故事之前做大量的中华文化知识及历史知识科普，这样后续教学工作才能更好地展开。

寓言故事类型多样，叙事简单却蕴含深刻道理，但对于身处国外的华侨学生来说，一年级的学生学习起来难度会比较大，而且由于年龄原因，他们无法快速理解寓言故事中蕴含的深刻道理。因此，在开展寓言故事主题教学课时，教学对象为二年级及以上学生较为稳妥。在教材选择方面,要确保每年级段的教材符合相应年龄段学生的特点。

2.多种教学方式结合

在教学过程中,可使用多种教学方式,如多媒体辅助教学、游戏互动、文化实践活动、情景交际等。在寓言故事教学中安排多种教学方式,让课堂更活跃、更新颖,可提升学生的学习积极性。还可以吸取多种教学方式的优点,如本案例在课堂导入时播放寓言故事的短视频,这种多媒体辅助教学更直观、生动,既可以创设寓言故事的情景,也有利于学生学习的高效投入,提高教学效率;情景交际可以在模拟实际交际情景中培养学生的表达交际能力;文化体验活动,如本案例中的"寓言故事会",学生可以从中亲身体会中华文化的魅力,激发学生的学习兴趣。但不能过度追求教学方式的多样化,忽略了教学内容本身,由于佛罗伦萨中文学校始终坚持贯彻与意大利国内教育体系接轨的原则,实行严格的考试及考核制度,因此还需要教师在运用新颖的教学模式的同时,兼顾学生的书写及综合应用能力,这就需要教师具备较强的教学掌控和课堂管理能力。

3.增加文化认同感

就汉语教学的对象来看,华侨学生是一个特殊的教学对象群体,他们不像外国学生那样完全生长在自己的文化环境中,同时,又不像中国本土学生生长在中国,从小受到中华文化环境的熏陶,相反,他们中的很多人对中华文化几乎一无所知。他们成长在一个双元甚至多元文化交融的环境中,虽然大部分华侨学生可以流利地说汉语,但对中华文化的认知实在算不上"充分"。少数学生,尤其是土生土长的意大利华裔学生,由于从小接受意大利教育,加上家长没有系统地培养孩子学习汉语及中华文化的意识，使得学生把自己当作意大利人，对中华文化的认同感不强。因此，作为汉语教师，在教学过程中，首先要提高华侨学生对中华文化的认同感，让他们认识到自己是在传承自己国家或民族的文化。

中华文化涉及的范围很广，某些文化内容甚至和学生第一语言的文化背景及认知有所冲突，因此学生认同中国文化的广度和深度也会有所不同。但要意识到，认同一种文化是一个循序渐进的过程，不能操之过急。我们在进行汉语文化教学时，要以积极和尊重的态度去引导学生全面客观地了解中国文化，有机会还可以亲身感受中国文化的魅力，如果出现无法认同的观点，也要给予包容和理解。

四、结语

以寓言故事为主题的教学设计是 W 老师将其运用于佛罗伦萨中文学校教学的一个初步尝试，在某种程度上确实取得了良好的效果。在进行以寓言故事为主题的教学设计时，首先要考虑教学对象是否适宜；其次，在教学内容的选择上要选择符合当前教学对象语言水平和认知层次的寓言故事，避免出现故事背景过于复杂或者道理深刻难懂等不符合教学实际的情况。在教学时，要把以寓言故事为主题的教学设计作为一项专题教学来研究，力争在保证语言教学效果和质量的前提下，做好中华文化知识的传播，同时，增强华侨学生语言、身份和文化的认同感。

案例思考题

1. 你认为本案例在实施时可能存在哪些局限性？

2. 案例中的教学设计还有哪些地方需要改进？

3.在本案例中,教学设计的哪些部分体现了汉语教学中的文化适应性?

案例使用说明

1.适用范围

(1)适用对象:汉语国际教育专业本科生以及硕士研究生。

(2)适合课程:汉语国际教育专业海外华侨、华裔语文学科教学。

2.教学目的

(1)掌握寓言故事主题教学设计的概念。

(2)掌握华侨学生的学习特点并做出相应的教学设计。

3.关键要点

(1)相关理论

教学设计是研究教学系统、教学过程和制定教学计划的系统方法。它以传播理论和学习理论为基础,应用系统的观点和方法,分析教学中的问题和需求,确立目标,建立解决问题的步骤,选择相应的教学策略和教学媒体,最后分析评价其结果,使教学效果最优化。

(2)关键知识点

汉语教学、主题式课堂教学与活动设计、海外汉语课堂教学设计。

(3)关键能力点

①教学设计的能力

能根据教学对象的特点设计出符合实际情况的教学设计。

②教学能力

掌握如何将寓言故事主题教学设计运用于华侨学生的中

小学教学的能力。

③教学评价能力

能够在教学设计实施后根据实际情况对教学进行反思与总结，进一步改进教学设计。

（4）案例分析思路

通过对教学对象的调查与分析，设计出符合汉语课堂教学实际的教学设计并通过课堂教学实践进行检验；对学生给出的反馈进行分析并优化、改进教学设计，为下一步教学提供借鉴与指导。

4.教学建议

（1）时间安排

标准课 3 课时，共 120 分钟。

（2）环节安排

分组讨论—汇总意见，小组汇报—教师点评—全班讨论总结。

（3）适用范围

30 人以下的小班汉语课堂。

（4）组织引导

①教师布置任务清晰，重点问题明确。

②提供必要的参考资料，并且及时给予建议。

（5）活动建议

布置任务时要明确重点，小组讨论环节分工明确。

5.推荐阅读

[1] 安·索德曼,李筠,贾浦江.主题式教学——中小学汉语课堂教学设计[M].北京:外语教学与研究出版社,2016.

[2] 白建华.主题式教学在对外汉语课程设置中的应用[J].对外汉语教学与研究,2013(21):1-11.

[3] 崔永华.对外汉语教学设计导论[M].北京:语言大学

出版社,2008.

　　[4]廖建玲.国际汉语教学设计[M].北京:高等教育出版社,2013.

　　[5]徐英俊,曲艺.教学设计:原理与技术[M].北京:教育科学出版社,2011.

　　[6]杨俐.意大利周末中文学校调研[J].海外华文教育,2009(3):60-64,2221-9056.

坦桑尼亚中学汉语课堂的
体验式教学设计*

张　瀛　晁孟雪

摘　要:随着学习理论从行为主义向认知主义和建构主义的发展,人们的教学理念也在发生着转变,教学方法变得更加灵活多样。在这样的背景下,体验式教学逐渐受到关注并在教学实践中得以运用,但由于目的语环境缺失等各种原因,这种教学方式在海外汉语教学中开展有一定的难度。该案例的实施主体是在坦桑尼亚进行国际汉语教学的汉语教师志愿者 C 老师,教学对象是坦桑尼亚中学生。案例展示了《快乐汉语(第一册)》第一单元"我和你"复习课上的体验式教学设计与实施过程。教师把教学过程分成三个主要环节:热身、活动和总结反思。C 老师的教学方式让我们认识到体验式教学在海外汉语教学中实施的可行性和有效性,为拓宽国际汉语课堂教学设计思路提供借鉴和参考。

关键词:体验式教学方式;汉语作为外语教学;教学设计

---

　*　作者简介:张瀛,女,黑龙江齐齐哈尔人,浙江师范大学国际文化与教育学院副教授,硕士生导师,文学硕士。晁孟雪,女,安徽阜阳人,浙江师范大学国际文化与教育学院 2017 级硕士研究生。

An Experiential Teaching Design for Chinese Classes
in Tanzanian Middle School

Abstract： In tandem with the development of learning theories from behaviorism to cognitivism and constructivism, people's ideas about teaching continue to change promoting teaching methods that are ever more flexible and diverse. In this context, experiential teaching has received more attention over time and has found a place in actual teaching practice. However, due to the lack of a target language speech community and a variety of other such reasons, it is difficult to carry out this pedagogical method when teaching Chinese overseas. The subject of this case study is Teacher C, a volunteer instructor teaching Chinese as a foreign language in Tanzania. The recipients of instruction are Tanzanian middle school students. This case study shows the process of designing and implementing experiential teaching for the review lesson "Me and You" in the first unit of the textbook *Happy Chinese*. The teacher divides the teaching process into three parts：(1) warm up, (2) activity, and (3) summary and reflection. Teacher C's approach to teaching shows us the feasibility and effectiveness of experiential teaching in an overseas Chinese language class and provides points for comparison and reference that broaden people's thinking about how to design teaching activities for overseas classrooms where Chinese is taught as a foreign language.

Key words： Experiential teaching；Teaching Chinese as a Foreign Language；Instructional design

背景信息

"体验式教学"即"在教学过程中,根据学生的认知特点和规律,通过创造实际的或重复经历的情境和机会,呈现或再现、还原教学内容,使学生在亲历的过程中理解并建构知识、发展能力、产生情感、生成意义的教学观和教学形式"(肖海平、付波华,2004)。体验式教学方案的设计强调从教学目标出发,教师导入、创造与教学内容相联系的情境或情景,从而引起学生的情感体验,让学生能快速而准确地消化、吸收所学知识,促使他们的心理机能全面均衡发展。无数实践结果显示,新颖的教学设计更能提高教学效率,提升学习者参与课堂的积极性。

自 20 世纪 70 年代以来,体验式教学理念逐步在美国得到认可并深受教育界的推崇。20 世纪末,体验式教学开始在世界教育范围内推广并流行起来。从 20 世纪 90 年代中期开始,随着教育教学改革的不断深入,体验式教学的研究和实践在我国也备受关注。以"体验式教学"为主题搜索中国知网,1994—2019 年检索到中文研究文献 4100 篇,按照发表年份和文献数量统计如图 1 所示。

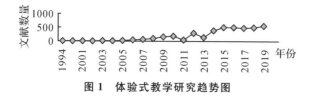

图 1　体验式教学研究趋势图

　　海外汉语教学即汉语作为外语教学与在国内的汉语作为第二语言教学有很大不同①。除了非目的语的语言环境之外，汉语教学资源也相对缺乏，更突出的问题在于师资和教学模式。师资方面，目前海外汉语师资的构成比较复杂，有本土汉语教师，有国家汉办公派汉语教师以及孔子学院及其各教学点的在岗汉语教师志愿者，还有在国外工作或定居的汉语母语者等等，复杂的师资构成难以保障海外汉语教学事业的长期稳定向好发展。教学模式方面，在如今"以学生为中心，以教师为主导"的现代教育理念背景下，海外汉语课堂上仍不乏"填鸭式"的汉语教学模式，课堂操练形式单一，语言输入和语言输出在教学中的配比不科学，忽视学习者对语言知识的吸收内化和语言知识向语言能力的转化。久而久之，汉语课堂枯燥乏味，降低学生学习汉语的兴趣，最终导致学生逐渐游离于课堂之外，而由于汉语教师的课堂教学效果差，教师也会产生挫败感。

　　本案例以"体验式教学"在坦桑尼亚某中学汉语课堂的应用为例，探索海外汉语课堂教学模式的创新。

案例正文

一、体验式教学在坦桑尼亚中学汉语课堂实施的必要性

（一）体验式教学更能促进学习者的知识建构

　　体验式教学重视发挥学生的主观能动性，培养学生的创新能力，以学生为中心，在持续的实践体验中，帮助学生有意识地利用分散的语言点建构自己的汉语知识体系，促进学生的语言知识进一步转化为言语交际技能，并形成积极的情感体验。非

---

　　①　本文以"汉语学习者是否在目的语环境中学习"为参照标准，明确区分中国国内的汉语教学即"汉语作为第二语言教学"与海外汉语教学即"汉语作为外语教学"。

洲学生普遍性格外向，课堂表现欲强，一成不变的教学方式会让他们逐渐失去对汉语课的兴趣，而体验式教学能让学生更清楚地看到自己的学习成果，更容易收获成就感，进而提高学习效率，全面提升汉语水平。

（二）体验式教学更能激发学生的内部动机

语言的学习会受到诸多因素的影响，"动机"就是其中最重要的因素之一。从来源上看，"动机"可以划分为内部动机和外部动机。在学校教育中，教师的称赞、比赛的激励以及父母的奖赏等这种由外部环境激发产生的动机，属于外部动机，而学生自己的兴趣爱好、成就感、求胜欲等则属于内部动机。

随着中非各领域交流的日益密切与深化，汉语教学事业在非洲蓬勃发展。目前，坦桑尼亚中学生已经可以选择汉语作为一门外语参加国考。尽管如此，但大多数中学生尚未意识到学习汉语对他们个人未来发展的意义，因此，这些学生学习汉语的内部动机并不是很强。以 C 老师任教的学校为例，一部分学生单纯是服从或迫于学校的统一安排，一旦他们感到学习汉语受阻重重，便极容易在短时间内彻底失去兴趣。这种内部动机的缺失，会严重影响学生对汉语学习的态度。这就需要汉语老师发挥作用，因此，课堂教学设计就显得尤为重要。在非目的语环境下，教师创设的知识体验情境可以调动学生主动参与的积极性，让学生在体验中尽享运用汉语进行交际的成功和喜悦，从而进一步增强其学习汉语的内部动力。

二、体验式教学在坦桑尼亚中学汉语课堂实施的可行性

（一）外部教学环境的支持

近年来，随着中非之间文化交流机会的增多以及政治、经济等领域合作的频繁，中国的文化影响力在非洲大陆也逐渐增强,越来越多的非洲人喜欢并乐于接触中国文化。而语言与文化密不可分,一种文化则需要特定的语言来表达。因此,坦桑尼亚政府为汉语在坦桑尼亚的推广提供了大力支持。通过采访坦桑尼亚本土汉语教师,我们了解到,坦桑尼亚的汉语教学早已在当地公立学校中开始推广,很多中学都开设了汉语课程。坦桑尼亚的中学为四年制,学生们从初一开始便要学习汉语,在初二和初四的时候都要进行统一的汉语考试。同时,很多私立中学也开始开设汉语课程,汉语已经成为当地学生第二外语的主要备选课程之一。C老师所在的学校是坦桑尼亚总理管理的私立中学,汉语是除英语和斯瓦希里语(坦桑尼亚本土语言)之外最重要的语言科目。学校在招生季就大力宣传所开设的汉语课程,也给汉语教学提供了最大的支持,每天两小时的课时量保证了教学进度;同时,学校专门配备了宽敞明亮的汉语教室,孔子学院提供的投影设备也专为汉语教学服务,教学需要的教材、各种教辅材料学校也尽量满足,这也让汉语教学得以顺利展开。

(二)丰富多样的汉语教材为体验式教学提供保证

近几年,为满足坦桑尼亚中小学汉语课程日益普及的需要,当地孔子学院和学校在教材资源方面给予了很大支持,教师可根据学生的需求、特点、外部环境、教学目标等指标选择适合的教材,学生的课本虽不能实现"人手一本"的理想状态,但可通过复印解决。比较常用的汉语教材有《快乐汉语》《HSK标准教程》等。2007年出版的《体验汉语:生活篇(英语版)》倡导"体验式教学",服务于轻松愉快的汉语课堂。这本教材的内容贴近学生真实生活,旨在培养学习者的汉语实际运用能力。每个教学单元重点板块可分为:热身环节——激活生活体验,明确学习目标;会话环节——为体验活动提供语言载体;词汇与语言放大镜环节——为体验活动提供新的语言形式；体验活动环节练习、体验中国、汉字图片及汉语社区——为语言实践提供新的语境。丰富的教材为体验式教学提供了保证。

（三）当地学校的积极配合和教师充分的教学自主权

目前，汉语在坦桑尼亚中学多是必修课，也有一部分学校是选修课。汉语教师在教学的具体实施方面拥有充分的自主权，比如，可以自行确定教学大纲、教学计划，选择合适教材和上课方式等等。在举办文化活动时，学校也会积极配合，同时协调各方为汉语推广提供便利。C 老师所在的学校有两位汉语教师，汉语教学的开展和推广等都由这两位教师共同商定，此外，学校还专门配备了一名当地英语老师作斯瓦希里语的随堂翻译，以便在教学初级阶段协助中国老师开展教学、管理课堂。上述条件为开展体验式教学提供了坚实的保障。

（四）体验式教学符合坦桑尼亚学生的学习特点

坦桑尼亚学生在课堂上的表现相当活跃，他们对教学内容有任何疑问都会在课堂上直接提出，这样的性格使得他们乐于发言，能积极参与互动，课堂气氛活跃。体验式教学各环节开展起来灵活多样，课堂氛围较轻松，强调以学习者为中心，倾向于个体的培养，重视合作学习，教学内容符合社会生活实际，因此，对学生吸引力较强，比较符合坦桑尼亚学生的学习习惯和特点。

三、"问候与介绍"单元复习课的体验式教学设计与实施

本案例以汉语日常用语中最为常见的"问候与介绍"专题作为设计主题，采用体验式教学方式，因地制宜，巧妙地创设教学体验情境，目的在于充分调动、发挥学生的主体性。由人民教育出版社出版、李晓琪等编写的《快乐汉语》是本次课程教学设计的参考教材，而其中第一册的第一单元"我和你"的主题就

是"问候与介绍"。这套教材每个单元的内容都比较贴近现实生活。C 老师通过设计与单元主题相关的体验活动,意在培养学生运用汉语进行交际的能力。

在这一单元的复习课上,C 老师设计了教学体验活动,以检测学生的学习效果,提高学生在真实情境中运用所学语言知识的能力。以下是教学课例。

(一)教学对象

坦桑尼亚阳高中学初一 A 班零起点的学生

(二)教学目标

1. 通过本单元的学习,学生应掌握汉语中常用的问候用语,以及用汉语询问他人姓名和年龄等基本情况的能力,能够介绍自己或他人的基本情况,能了解中国人的问候习惯。

2. 学生应对不同文化背景的人打招呼方式的差异有所认识和了解,进而提高自身的跨文化交际意识和能力。

3. 培养学生体验式学习的意识和策略,鼓励学生大胆用汉语交流,获得成就感。

(三)教学重难点

复习本单元重点生词、"问候与介绍"交际功能的常用表达句,提高学生听、说、读、写的言语技能,顺利完成真实情境下的交际任务。

(四)教学时间

两课时,每课时 40 分钟。

(五)课前准备

1. 教具准备

7 张身份牌(每张写有一个身份信息)、香包、节奏感较强的音乐、空白的个人基本情况信息表(每个学生两张),小奖品若干。

2.教学环节计划,如表 1 所示

表 1 教学环节一览表

教学环节	时间(分钟)	教学内容
组织教学	5	点名,作业情况反馈
热身	15	复习本单元生词和功能表达句
		热身游戏:击鼓传花
体验活动	50	"我说你填"活动
		自由采访
总结反思	10	总结体验活动成果,纠正学生活动中的偏误

3.课堂体验活动设计,如表 2 所示

表 2 课堂体验活动设计表

体验活动	活动总时间	具体内容和时间分配	
我说你填	25 分钟	6 分钟	讲解活动规则,发放身份牌和表格,7 名学生记忆各自的身份信息
		10 分钟	7 名学生分别自我介绍
		5 分钟	台下学生提问,补充表格
		4 分钟	学生互相检查,教师总结
自由采访	25 分钟	2 分钟	教师说明规则,发放表格
		15 分钟	学生采访
		8 分钟	检查采访结果,总结反思

(六)教学步骤

1.课前热身(15 分钟)

(1)教师带领学生复习本单元学习的生词和功能表达句。

(2)引入热身游戏:"击鼓传花"。具体规则如下:

老师拿出一个香包(类似物品即可)作为传递的物品,随机播放节奏感较强的音乐,让学生们开始一个个传递,控制音乐播放的老师随机按下暂停键,同时大声喊"停",这时拿到香包的人就要执行预先约定的任务(本节课的任务是中文自我介绍),且要求学生必须用上本单元学到的功能表达句。

当游戏进行四五轮后,所有学生都表现得非常积极时,热身环节结束。

2.体验活动(50分钟)

(1)我说你填(25分钟)

首先,C老师热情地邀请了7名同学(热身环节未做"中文自我介绍"的学生)到讲台上,把课前准备好的身份牌发给他们。身份牌上标有不同的姓名、国籍、年龄、家乡等信息。其余学生则每人得到一张空白表格。

台上的学生每人有3分钟准备时间。随后即按抓阄顺序进行自我介绍,每位同学只有一次自我介绍的机会。活动开始!台下的学生须专心地听每个人的介绍,等7个人都介绍完之后,台下的学生可以就自己手中的问题询问台上的学生以完成自己的表格,提问必须使用汉语。经过两轮的介绍和问答,所有学生已基本完成表格信息的填写。最后安排学生两人一组互相检查完成情况,并由C老师公布正确的答案。

①活动要求:台上的同学进行自我介绍,同时,台下的学生要在表格里填上介绍者的身份信息。其中,"姓名"和"家乡"可以写英语、汉语或者斯瓦希里语,而"国籍"一项必须写中文,"年龄"则允许用阿拉伯数字。

②注意事项:严格要求每个同学独立完成表格,不许交头接耳!

表 3　学生自我介绍记录表

名字	国籍	年龄	家乡
Nancy	中国	12	北京
Halima	美国	13	New York
Irene	坦桑尼亚	15	Yangao
Latifa	中国	13	上海
Aisha	南非	14	Pretoria
Justice	英国	11	London
Juma	坦桑尼亚	14	Mtwara

（2）自由采访（25 分钟）

"我说你填"进行到第一节下课时间,C 老师布置另一个需要立即完成的任务——所有学生去采访初二年级汉语班的学生,并且每人至少采访 3 名学生,然后,把他们的身份信息填在表格里。

要求:

（1）必须用汉语进行提问。

（2）必须如实填写,老师课下会向被采访的同学确认信息是否正确。

（3）学生交回表格时,要按照表格信息向老师介绍一下被采访的学生。

（4）老师按学生回到班级的先后顺序和表格填写、回答质量等标准发放不同的小奖品。

当时,一听到这个任务,学生们纷纷冲出教室,大概 8 分钟后,所有人回到了教室。最先回到教室的 5 名学生,老师就给他们每人发放一个身份牌,上面可以粘贴照片,填写个人信息,贴在教室的"汉语角"上。结果,大部分学生都顺利完成了采访,极少数汉语水平较差的学生未能完成。针对这样的情况,C老师决定课后再为其单独辅导,确保他们能够继续完成本次采访任务,第二次上课后,再交送采访结果。

活动环节是本次体验式教学的最关键环节。活动的设计不宜超越学生的认知水平,学生通过亲身体验学习过程,使语言知识内化为其知识结构的一部分,不断完善情感的建构。由于教学对象是中学生,课堂秩序易混乱,所以一定要注意发挥教师的引导作用。此外,要注意让每个学生积极置身于体验的情境中,都参与到活动中来。

(七)总结反思(10分钟)

C老师先请学生谈一谈这次体验活动的收获并反思自己的不足之处,然后纠正学生练习过程中出现的典型偏误,最后把本单元学习的句型通过语块形式呈现出来,如表4所示。

表4　本单元所学句型一览表

你/他/……	叫	什么(名字)?
我/他/……		(名字)
你/他/……	是	哪国人?
我/他/……		(国家)+人
你/他/……	多大了?(几岁?/多大年纪?)	
我/他/……	(数字)+岁	
你的家乡/他的家乡/……的家乡	在	哪儿?
我的家乡/他的家乡/……的家乡		(地点)

C老师认为,在对所学知识进行全方位反思的过程中,学生可以自主感悟出学习知识的意义和对生活的作用,也会不断反思自己的学习方法,最终提高自身的学习能力。

四、结语

本次体验式教学活动中，C 老师注重引导学生探索发现，在实践中学习，体会学习汉语的乐趣。整个教学过程流畅、有序，无形中也激发了学生的创造力和实践能力，在快乐的体验中实现了本次课的教学目标。

实践证明，在海外汉语课堂中实施体验式教学是可行的、有效的。灵活多样的体验式教学设计可以为课堂经常性地注入新鲜元素，有助于让学生养成主动思考的习惯，一直保持汉语学习的兴趣，对汉语课堂充满期待。

案例思考题

1. 如果你是汉语零起点班的综合课老师，你会怎样利用体验式教学理念和方式设计"问候与介绍"这一单元的复习课？

2. 你在教学中是否运用过体验式教学方式？C 老师在海外非目的语环境下的体验式教学设计对你有什么启发？

3. 结合案例，说说什么是体验式教学？体验式教学与其他教学模式的主要区别有哪些？

案例使用说明

1. 适用范围

（1）适用对象：汉语国际教育专业硕士研究生或本科生，新手汉语教师。

（2）适用范围：汉语综合课、口语课。

2. 教学目的

（1）理解体验式教学方式对提高课堂效率、培养学生学习兴趣和帮助学生建构知识、提高实践应用能力的作用。

（2）了解体验式教学的实施过程。

（3）拓展汉语课堂教学设计思路。

3.要点提示

（1）相关理论

①建构主义理论

体验式教学的理论基础之一是建构主义。建构主义理论认为，知识不是通过教师传授得到的，而是学习者在一定的情境即社会文化背景下，借助其他人（包括教师和学习伙伴）的帮助，利用必要的学习资料，通过意义建构的方式而获得的，"情境""协作""会话"和"意义建构"是学习环境中的四大要素。

按照建构主义学习理论，学生在学习新知时头脑中已经具备了从生活、学习中获得的其他知识和经验。学生新知识和能力的获取，不是简单依靠记忆和背诵教师讲授内容而获得的，而是靠学习者在先验知识基础上建构的。教师的作用不是单纯地传授知识，而是结合教学内容，创造性地创设各种学习情境，激活学习者的先验知识，组织和引导生生之间、师生之间充分地讨论、交流与协作，使学生通过自主感受、思考、认知，充分理解所学内容，将其建构于自己原有的知识体系中，并能够应用所学的知识解决实际问题。

②体验式学习循环模式

20世纪80年代，大卫·库伯（David Kolb）在总结了杜威和皮亚杰的经验学习模式后，在他的著作《体验学习：体验—学习发展的源泉》中提出了自己的经验学习模式即体验式学习循环理论（experiential learning）。他认为，具体体验、观察反思、抽象概括、行动实践这4个学习环节组成了体验学习的全过程，四者的关系呈现环形结构。

　　库伯认为,学习的开始或知识的取得最先来自人们的经验或体验,这种经验可以是直接经验即人们通过亲身参与实践活动获得的知识,也可以是间接经验即从他人或书籍上学到的知识。反思是学习者在体验结束后观察反省已经经历的体验,对这个过程中获得的"知识碎片"进行回想、整理、删除、分配等等,把"有限的经验"进行归类、条理化和拷贝。然后进入了学习的第三阶段,在思维观察的基础上形成一些抽象的概念或经验。学习循环的最后一个阶段是行动与实践阶段,到了这个阶段,学习者要在实际生活中验证这些概念或经验,并将它们应用到制订计划、解决问题之中去。人们的知识就是在这种不断地学习循环中得以增长的。大卫·库伯认为,体验应该存在于学习的各个阶段,学习者处在中心位置,对知识的掌握就来源于对外部环境的体验。因此,体验式学习循环理论成为现代体验式教学的核心指导理论,为第二语言教学提供了新的方向。

　　（2）关键知识点

　　①体验式教学的概念;

　　②理解体验式教学运用于第二语言课堂的作用;

　　③教学实践中如何进行体验式教学设计;

　　④体验式教学设计和实施过程中要注意的问题。

　　（3）关键能力点

　　①扎实的汉语国际教育专业理论知识及实践应用能力;

　　②教学资源、教学环境整合利用的能力;

　　③教材选择、改编的能力;

　　④与学生用汉语沟通交流的能力;

　　⑤充分调动学生参与课堂积极性的能力;

　　⑥教学组织管理能力及处理课堂突发事件的能力。

（4）案例分析思路

通过对海外汉语教学环境、条件和特点的分析，体会体验式教学在国际汉语课堂中运用的必要性和可行性。通过体验式教学设计与实施过程的展示，体会这一教学方式对提高课堂效率、促进学生知识构建和实践应用能力提高的作用，为新手国际汉语教师拓展教学设计思路提供借鉴和参考。

4.教学建议

（1）人数要求：20 人以下的班级。

（2）教学理念：以学生为中心，协作式学习，教师起到引导作用。

（3）组织教学：在教学中，教师可以在体验式教学理念指导下，依据不同的教学内容在知识点导入、讲解和练习等各个教学环节进行相应的体验设计，学生在体验情境中运用所学知识与他人协作交流，加深对知识的理解，完成新知的内化吸收并将其建构到自身的知识系统中。

（4）体验式教学设计建议：

①教学目标要明确，体验情境要与教学内容密切相关，帮助学生在体验过程中完成知识的理解与建构；

②教学设计各个环节要清晰连贯，时间分配合理；

③难度要符合学生语言水平；

④基于团队合作的体验式活动，要注意分组合理，成员分工要明确，注意加强团队建设；

⑤体验结束后老师要及时总结反馈；

⑥对语言水平低的学生多给予关心和帮助；

⑦教师要注意课堂掌控，避免出现混乱，不断提高处理课堂突发事件的能力。

5.推荐阅读

[1] 肖海平,付波华.体验式教学:素质教育的理想选择[J].教育实践与研究,2004(1):9-11.

[2] 张金华,叶磊.体验式教学研究综述[J].黑龙江高教研究,2010(6):143-145.

[3] 田艳.国际汉语课堂教学研究:课堂组织与设计[M].北京:中央民族大学出版社,2010:21-30.

[4] 刘珣.对外汉语教育学引论[M].北京:北京语言大学出版社,2000:8-12.

[5] 马丽云.体验式教学在第二语言教学中的应用研究[D].济南:山东大学,2011.

[6] 张荣.体验式教学的创新型与实施条件[J].吉林省教育学院学报,2007(11):9-10.

[7] 张蓉.体验式教学模式浅析[J].四川教育学院学报,2006(6):63-64.

[8] 辛继和.试论体验性教学模式的建构[J].高等教育研究,2005(3):64-68.

[9] 熊梅.大卫·库伯体验式学习对课堂教学的指导意义[J].亚太教育,2016(21):280.

[10] 李晓琪,罗青松,刘晓雨,等.快乐汉语[M].北京:人民教育出版社,2014:1-12.

[11] 高文.教学模式论[M].上海:上海教育出版社,2002:63.

字源教学法在初级汉字教学中的运用[*]

林 源 李 梦

摘 要:该案例证实,对于初学汉字的外国学生来说,汉字学习过程中的畏难情绪的产生主要是因为教师教学方法不当,"随文识字"式即只教音义与笔画的粗略教法,表面看似精简了教学内容,节省了教学时间,其实是低效率的机械重复,让学生无从下手,只能死记硬背,事倍功半。字源教学法则可以很好地解决这个问题。字源教学法能够吸引学生对汉字产生兴趣,帮助学生了解汉字的产生与发展,了解汉字形、义与形、音之间的关系,了解汉字结构、部件、部首、声符与笔画,学会汉字拆分与组装,逐步形成正字意识,不断发现汉字相互之间的关系,在理解的基础上掌握汉字的形音义,可以极大地提高汉字教学效率。

关键词:字源法;初级汉字;汉字教学

Using Character Etymologies to Teach Chinese Characters to Beginners

Abstract: This case study confirms that for foreign students just beginning to learn Chinese characters, their fear of difficulties in

* 作者简介:林源,女,福建安溪人,浙江师范大学国际文化与教育学院教授,硕士生导师,文学博士。李梦,女,浙江台州人,浙江师范大学国际文化与教育学院 2010 级硕士研究生。

the process of learning them comes about mainly because their teachers use inappropriate teaching methods. "Literacy through context" is an imprecise teaching method that only teaches sound, meaning, and strokes. Superficially, it seems to simplify teaching content and save time when in fact it involves inefficient mechanical repetition leaving students with no starting point. All they can do is learn by rote. It is a case of achieving half the results with two times the effort. The "character-etymology teaching method" can effectively solve this problem while arousing student interest in Chinese characters. This method helps students to understand the creation and development of Chinese characters, their form, the relation between meaning and form and sound. They come to understand the structure of Chinese characters, their components, radicals, phonetic elements, and strokes. They learn the division into constituent parts and composition of Chinese characters, allowing them to gradually develop an awareness of the standard forms of characters and continuously discover relationships among them. Student mastery of the form, sound and meaning of Chinese characters based on understanding can greatly improve efficiency in the teaching of Chinese character.

Key Words: Character Etymologies; Primary Chinese characters; Chinese character teaching

背景信息

外国学生，尤其是非汉字文化圈国家的学生，缺少汉字学习的兴趣，存在汉字学习的畏难情绪；缺少有效的汉字学习方法,存在汉字学习动机不强等问题。外国学生一般都认可词汇、语法与语音的学习,不管这些难不难,要花费多少时间,都会认同这是语言学习的必经之路,不能不学,却有可能认为汉字学起来太难,不容易学会,汉字学习不一定重要,转而放弃。

与拼音文字相比,汉字有其自身特色。初级阶段学习任务相对更重。笔画的作用类似字母,但英语使用的英文字母只有26个,且组合方式单一,而汉字笔画数量不仅有二三十种,而且在每个汉字中,受结构部位等因素影响,又存在各种变体,其中不少笔画笔形区别度极小,很难辨认。笔画又有相接、相交、相离三种组合关系。除笔画外,学生在初级阶段还要学习很多部件,其中有很多是常用部首与声符,常用部件数量不下一百。同时,汉字具有上、下、左、右、内、外等多种组合方式,结构相对更加复杂。对于没有汉字背景知识的学习者来讲,汉字形体复杂,有些字差别甚微,仅是笔画关系或笔画长短的区别,一个个汉字无异于一堆堆杂乱无章的线条堆砌而成的难以辨析的图画,给初级阶段学习者带来极大困扰。

汉字是如何创制出来的? 为什么汉字看起来这么复杂? 为什么有这么多汉字看起来很相像很难区别? 中国人是怎么记住并区分这么多汉字的? 作为非汉字文化圈的外国学生,在接触汉字字源教学法之前,他们缺少有效渠道去了解这些问题。

本案例的研究对象为 Y 大学的学生。他们是 Y 大学孔子学院的汉语学习者,已经学习了 3 个月或 3 个月以上的汉语,是初等二级以上汉语学习者,对汉字已有初步认识与了解。在接触字源教学法之前,他们中的很多人在汉字学习方面举步维艰,汉字知识不成体系,对汉字缺少规律性认识,找不到合适的汉字学习方法,有些甚至已经失去了学习汉字的兴趣。如何提升外国学生的汉字学习兴趣? 怎样帮助他们找到合适的汉字学习方法？字源教学法或可一试。

林西莉(2008)《汉字王国》："我发现我对汉字的结构和早期的形式讲授得越多，他们越容易理解和记住这些汉字。当我同时也讲解这些文字所来自的那个世界，讲述古代中国人的日常生活——他们的房子、车辆、衣服以及他们使用的工具，讲述产生这些文字的自然景象——乡野、山河、动物与植被时，效果就特别好。"法国首位汉语总督学白乐桑先生也认为："在我眼里，中国文字最美。一提到汉字，我首先要说的是它的美观、神秘，我感到碰到一个字就像碰到一个陌生人一样，有着丰富的内容等待着我去掌握，比如，要去读、写以及了解文字背后的故事，那是多么美妙的一件事啊。汉字是一门艺术，学会汉字也学会了一种与别人不一样的思维方式，汉字不是表音文字，它的结构和符号蕴含着丰富的信息，有着一种说不出的视觉美。"字源教学法就是追溯汉字的产生、演变和发展，讲解汉字是如何创制出来的，介绍汉字造字法，挖掘汉字以形表义的内在特点和规律，说明形、音、义相互之间的关系，展示汉字形体演变历程，揭示现代楷体汉字形体的产生过程。通过将现代汉字与其最初的造字意图和原初面貌同步展示，能够消除外国学生对汉字的陌生感，使学生对汉字的认识由感性认识上升为理性认识。它符合学习者的认知心理，满足学习者学习策略的需求，培养学习者的学习兴趣，提高学习效率。该教学法非常适合初级阶段汉字教学，遗憾的是，字源教学法在面向非汉语母语者的汉字教学实践中的运用并不充分。

长期以来，汉语教学学界长期低估汉字教学的意义。但是，汉语口语并不能全面代表汉语，只有汉语书面语，才能充分展现汉语的博大精深，让学习者体味其生动精彩。当前，中小学语文教材中的文言文过少的现象已经引起重视，虽然正在努力整改中,但中小学汉字教学的不足还远未引起重视,中小学教材虽有生字表,但只等同于语素表,缺少汉字教学相关内容。与中小学语文教材类似,现行汉语教材的课文文本过于直白寡淡,汉字教学占比严重不足,后果同样严重,理应引起我们的重视。

另一方面,由于中国的现代语言学及第二语言教学体系是以西方语言学理论为基础建构起来的,而西方语言学认为,语言是第一性的,文字是第二性的,语音、词汇和语法是语言的三大要素,把文字教学排除在教学重点之外。因此,汉语作为第二语言或外语教学也更加重视语音、词汇和语法,汉字教学则处于从属地位。很多学校设有综合汉语课、听力课与口语课,但不一定单独设立汉字课程。其实,中国古人早就认识到汉字学习的重要性。许慎早在《说文解字序》中写道:"盖文字者,经艺之本,王政之始。"因此,汉字教学在中国传统语文教育中具有极其重要的地位。

东汉许慎《说文解字》将九千多个汉字按部首联系,使汉字有了合理的分类方法,并解释了每个汉字的字义及其来源。许慎还将汉字分为"象形、指事、会意、形声、转注和假借"6种造字法,称作"六书"。他说:"周礼,八岁入小学,保氏教国子,先以六书。"中国先人早就发现了利用字源教学的方法,帮助学习者通过字源,熟悉汉字造字法,了解汉字形音义三者之间的关系,掌握形义分析方法。

字源教学法,在汉字教学早期阶段,具有重要的价值与意义。但在教学实践中,却因种种原因(比如:对汉字教学重视不足,汉字本体研究不够,汉语师资培养不够全面,汉字教材种类数量有限,各类汉字教学法推广不充分,字源教学法不够普及等等),造成汉字教学不甚理想的现状。

案例正文

一、汉字教学的尴尬境地

M 国 Y 大学孔子学院汉字教学效果不佳，汉字教学处于相当尴尬的境地。L 老师通过问卷调查与访谈等手段对该孔子学院下设的某教学点的汉字教学现状与学生的汉字学习意愿与学习感受进行了调查。

(一)课程内容不够重视汉字

M 国官方语言为葡萄牙语(以下简称"葡语")，使用表音文字。M 国 Y 大学孔子学院没有开设专门的汉字课程，更没有专门的汉字教材。该孔子学院使用的汉语教材主要有《快乐汉语》《体验汉语》和《精英汉语》。教材方面，以《快乐汉语》为例，汉语课程的单次课时长 100 分钟，该教材每次课用时两课时，但是，该教材对汉字要求极低，因此，汉字教学内容很少。课程内容方面，该校汉语课程对汉字学习没有明确要求，没有明确的汉字教学内容，也没有明确的汉字分项考核指标。课堂之外，学生鲜有机会通过其他渠道了解和学习汉字。

(二)教学对象期待字源学习

通过访谈，我们了解到，M 国孔子学院实验班共有 15 名学生，全部为 M 国人，母语为葡萄牙语，学生在接触汉语之前，对汉字一无所知。但他们认为，汉字复杂繁难，缺少规律，非常难识、难辨更难记。在运用汉字字源教学法之前，他们已经学习了 3 个月的汉语，也初步学习认识了《快乐汉语(第一册)》中的部分汉字。

为进一步了解 Y 大学孔子学院汉字教学现状与学生的汉字学习意愿和学习要求等，我们通过问卷进行调查，共发放 40

份问卷,收回 40 份,其中有效问卷 40 份。调查表明,在被调查的 40 名学生中,有 45％和 50％的学生分别认为汉字"非常难"和"难";有 25％和 70％的学生分别认为学习汉字"有必要"和"很有必要"。所有学生对汉字的起源与演变都十分感兴趣。40 名学生中,只有一人对"学习汉字起源与演变是否对汉字学习有帮助"持不确定态度,其余学生均认为"字源学习对汉字学习非常有帮助";有 25％的学生认为"学习汉字的起源与演变对了解中华文化非常有帮助",有 50％的学生认为"有帮助",15％的学生选择"不确定",10％的学生认为"没有帮助"。从调查和访谈来看,他们对汉字的起源、性质、特点、演变以及汉字基础理论知识、汉字笔顺笔画等都无甚了解。所有学生的汉字知识都十分匮乏,汉字书写能力不佳,例如笔画不准确、笔顺错误等。可喜的是,调查表明,学生对汉字的起源与演变充满兴趣,大部分学生认为字源学习有助于了解中华文化。

(三)汉字教材缺乏

汉字教材需要根据汉字自身性质特点,结合"遵循汉字演变和认知规律,按照从易到难的顺序,有机贯通汉字知识"的理念来编写。有些汉语系列教材不配备单独的汉字教材,只在综合汉语教材中略提及一些汉字知识,内容非常有限。单独编写的汉字教材虽有一些,也取得了相当的成绩,但普及度不高,总体而言,汉字教材还远没有达到丰富完善以满足当前汉语教学需要的程度。M 国 Y 大学孔子学院教学点没有单独的汉字教材,汉字教学内容很少。

(四)汉语师资文字学基础薄弱

通过访谈,L 老师了解到,任教于 M 国 Y 大学孔子学院的某些汉语教师并无汉语专业相关学习背景,汉字以及汉语功底薄弱。此外,长期以来,汉语师资的培养侧重词汇、语法与语音等方面，忽视了汉字这一关键要素。而且，现阶段，我国大部分高校汉语国际教育专业开设的课程主要有古代汉语、现代汉语、语言学概论、对外汉语概论、中国文化、中国文学、外国文化、外国文学、英语和跨文化交际等，选修课一般开设有词汇学与语法学等，文字学课程却极少单独开设。现代汉语与古代汉语等课程中的汉字内容多寡深浅可由教师、教材决定，不一定全面深入，导致相当比例的汉语教师的语言学知识尚可，文字学基础却十分薄弱，传统"小学"功底尤其欠缺。因为汉语教师自身对字源、造字法不够熟悉，他们很难在教学中实施字源教学法。通过访谈与调查，我们发现汉语教师因担心学生产生畏难情绪，就对汉字学习要求极低，除音义与零星的笔顺教学之外，基本不教汉字，甚至不需要学生识记汉字，有个大概印象即可过关；该教学点更没有单独开设汉字课，要想系统地教授汉字，只能在综合课上，由教师自行补充汉字教学的相关内容。学生汉字水平堪忧，汉字教学陷入了相当尴尬的境地。

二、汉字字源教学法在课堂上的运用

为帮助外国学生克服在汉语学习初级阶段产生的畏难情绪，L 老师重新制订了教学计划，在综合汉语课程中增加汉字教学内容，采用字源教学法，注重讲解汉字形义与形音之间的关系，帮助学生建立汉字意识。在 L 老师赴任之前，国家汉办曾送 L 老师在澳门进修了一年的葡萄牙语，因此，L 老师完全有能力用学生可以理解的母语或媒介语进行初级阶段的汉字教学，这也是字源教学法能够取得成功的关键。因此，扭转汉字教学困境，既需要教师提高汉字学识素养，熟悉汉字字源知识，又需要教师具有相应的外语能力。以下是 L 老师的课例：

课例一

(一)教学对象

母语为葡萄牙语,已经学习了 3 个月汉语的 M 国成年学生。

(二)教学安排

教学时间:100 分钟(每次课用 30—40 分钟讲解汉字字源)。

(三)课程类型

综合汉语。

(四)教学目标

帮助学生了解汉字的起源与演变过程,克服畏难情绪,激发汉字学习兴趣。

(五)使用教材

《快乐汉语》与《张老师教汉字》。

(六)教学媒介语

葡萄牙语。

(七)使用教具

黑板、多媒体、图片。

(八)教学方法

汉字字源教学法。

(九)教学重难点

1.象形汉字“日、月、木”。

2.对汉字起源与演变的理解。

(十)教学内容

1.汉字的起源与演变。

2. 汉字"日、月、木"的字源与字形演变。

3. 汉字"日、月、木"的讲解。

(十一)教学步骤

1. 汉字的起源(5分钟)

播放中国文化宣传片——《汉字》和 History of Chinese characters(introduced in English)。这两段视频形象直观地解释了汉字的起源与演变。学生看完此视频之后,反响比较好,特别是看到大自然中一个个具象事物的轮廓变成了一个个汉字之后,纷纷感叹:"噢,原来是这样!"

2. 讲解汉字基础知识(5分钟)

L老师(葡萄牙语):"(1)汉字是世界上最古老的文字之一。汉字数量很多,总数约60000个,其中常用字约6000个。汉字历史悠久,目前发现的最古老的已经成熟成体系的汉字是距今3400多年前的甲骨文;(2)汉字从古至今形体发生了很大的变化,经历了甲骨文、金文、小篆、隶书、楷书等字体的演变;(3)汉字的字形是方形的,所以又称'方块字'。例如,爱。"

3. 例字讲解(25分钟)

(1)日

首先,L老师播放一段视频"汉字的故事之'日'"。直观地展示了汉字"日"的起源和演变过程,以及"日"的音、形、义、笔顺笔画规则等。看完这段视频之后,学生已经对"日"字的书写规则有了相当清晰的认识。

其次,进行"日"字的详细解释。"日"本义是太阳。后引申为"白天"和时间单位"一天",即一昼夜。现代汉语中"日"一般不单独使用,常组成词或词组以后使用,如:一日三餐、生日、日子、白日、红日、落日、日光等等。

最后,再次播放"日"的读音与笔顺动画,操练"日"的音、形、义等内容。

(3)月

L老师先播放视频"汉字的故事之月";接着,讲解"月"最初的字形像天空中的一弯新月,它的本义指"月亮",后引申为计算时日,平均30天为一个月,一年有12个月。常用搭配有一月、二月、三月、春月、秋月、月份、明月、月光等等。最后,再次播放"月"的读音与笔顺书写,操练"月"的音、形、义等内容。

(4)木

L老师先播放视频"汉字的故事之木",接着讲解"木"最初的字形像一棵树,上面是树枝,中间是树干,最下是树根。本义指树,后又引申指木头。常用词与词组有木头、树木、木瓜、古木。最后,再次播放"木"的读音与笔顺动画,操练"木"的音、形、义等内容。

4.布置作业(1分钟)

(1)书面作业。"日、月、木"3个汉字,每个汉字按照笔画顺序书写10遍,边读边写。

(2)口头作业。用"日、月、木"组词或词组,例如:白日、明月、木头、日子、三月等等。

(3)实践作业。从学过的汉字里找出部件"日、月、木",例如:找出"晶、明、阴、阳、本、树、桌、椅"中的上述三个部件。

(十二)教学反馈

通过课后访谈,L老师了解到,这是学生第一次通过汉字字源学习汉字,第一次看到讲解汉字起源的视频,学生课后纷纷表示,汉字学习非常有意思,他们对汉字的产生与演变产生了浓厚的兴趣,对汉字学习增强了信心。以往,他们觉得汉字课枯燥无味,而今天这堂课下来,学生既惊奇又感叹:原来汉字是这样创造出来的! 这堂课播放的视频,一下子激起了他们的汉字学习热情,后面的例字讲解,部件与汉字的关系,笔画笔顺规则,都非常有用。他们表示,以后要好好学习汉字,课下会认真完成作业。

课例二

（教学对象等与案例一相同,此处省略）

(一)教学重点

对汉字造字法的理解与掌握。

(二)教学难点

1.汉字基本笔画的掌握。

2.汉字基本笔顺规则的掌握。

(三)教学内容

1.汉字基本笔画:横竖撇捺点及复合笔画。

2.汉字最基本的笔顺规则:先左后右,先上后下,先横后竖,后撇后捺。

3.象形、指事、会意及形声四种汉字造字法。

(四)教学步骤

1.汉字的笔画(5分钟)

L老师用葡萄牙语讲解,边讲边板书笔画。笔画是构成汉字的最小单位,就像拼音文字里的字母一样。组成汉字的基本笔画有6种,即横、竖、撇、捺、点及钩,其他复合笔画都是由这6种基本笔画组合而来。

2.汉字的笔顺(5分钟)

(1)单笔画笔向。汉字的笔画具有方向性。汉字笔画的书写必须按照一定的方向运行。比如:横,只能从左向右;竖,只能从上向下。

（2）多笔画汉字笔顺。汉字笔画有前后书写顺序，遵循笔画规则。最基本的有：先横后竖，先撇后捺，先左后右，先上后下。

3.造字法(28分钟)

（1）象形字

L老师用葡萄牙语回顾了上次课的"日、月、木"。"日"像圆圆的太阳，"月"像弯弯的月亮，"木"像一棵树。这些汉字都是按照它们的形状和轮廓创造出来的。这种造字法造出来的汉字就是象形字，这种造字法就叫"象形"。"象形"就是勾勒相应事物形状轮廓的造字方法。虽然象形字的数量不多，只占汉字总量的5%左右，但象形字是合体字的部件，非常重要。L老师播放"日""月""木"的读音与笔顺动画，引导学生用手指跟随多媒体在空中书写"日""月""木"这三个象形字，边写边读出字音，并说出笔画名称，如"日：竖、横竖、横、横"。

（2）指事字

L老师用葡萄牙语讲解：指事字是单纯的符号字，或者在象形字的基础上增加指事性符号形成。如在"木"的下面加"一"是"本"，表示树的根；在"木"上面加"一"是"末"，表示树的末梢；这里的"一"就是指示符号。又如"日"下面加"一"是"旦"，表示太阳出来，是白天了，这里的"一"也是指示符号。L老师用多媒体播放"本""末""旦"的读音与笔顺动画，引导学生用手指跟随多媒体在空中书写"本""末""旦"，边写边读出字音，说出笔画名称，如"本：横、竖、撇、捺、横"。

（3）会意字

L老师用葡萄牙语讲解：会意字就是把两个或两个以上的象形字组合成一个新的汉字。例如："明"由"日"和"月"组成，当有太阳或月亮的时候，就会有光明；"林"表示很多树在一起，

"森"表示非常非常多的树在一起。L老师用多媒体播放"明""林""森"的读音与笔顺动画,引导学生用手指跟随多媒体在空中书写"明""林""森",边写边读出字音,说出笔画名称,如"林:横、竖、撇、捺、横、竖、撇、捺"。

(4)形声字

L老师用葡萄牙语讲解,形声字由形旁与声旁两部分组成,形旁与声旁一般都是象形字。形旁提示字的意义大类,声旁表示字的读音。例如,"湖"中"氵"是形旁,是"水"的变体,说明这个字的意义与"水"有关,"胡"是声旁,说明这个字的读音和"胡"一样。最后,用多媒体播放"湖"的读音与笔顺动画,引导学生用手指跟随多媒体在空中书写"湖",边写边读出字音,说出笔画名称,"湖:点、点、提;横、竖、竖、横竖、横;竖撇、横竖钩、横、横"。

(五)布置作业(1分钟)

(1)书面作业

复习本课所学汉字——本、末、旦、明、林、森、湖,并把每个汉字按照笔顺规则写10遍,边读边写。

(2)口头作业

正确说出"本、末、旦、明、林、森、湖"中的笔画名称与书写笔顺。

(3)实践作业

找出下列汉字里的横、竖、撇、捺、点、钩等笔画。汉字:横、网、禁。

(六)教学反馈

学生纷纷表示,通过这次学习,发现汉字是有规律可循的,汉字并不是杂乱无章的。汉字真有趣。

课例三

（教学对象等与案例一相同，此处省略）

(一)教学重点

汉字结构。

(二)教学难点

象形字与部件。

(三)教学内容

1. 汉字的三个层级。笔画、部件和汉字。汉字"姓、名、字、朋、友"。部件"女、口"。笔画横、竖、撇、捺、点、钩与复合笔画。

2. 汉字结构。左右结构与上下结构。

3. 汉字"姓、名、字、朋、友"的起源与演变。

(四)教学步骤

1. 汉字的三个层级(2分钟)

L老师用葡萄牙语讲解：现代汉字可拆分为笔画、部件和汉字三个层次。例如"明"是汉字，部件是"日、月"，"日"的笔画按笔顺依次是：竖→横竖→横→横。

2. 汉字结构(2分钟)

L老师用葡萄牙语讲解：汉字有各种结构，最常见的是左右结构与上下结构。例如"森"是上下结构，"林、明、湖、姓"是左右结构。

3. 汉字与部件(30分钟)

(1)独体字与部件"女"

L老师用多媒体展示"汉字的故事之'女'"，展示"女"的古文字字形，用葡萄牙语说明"女"的古字像一个敛手安静地跪坐在地上的女子形象。"女"既是汉字，也是部件，意思是"女人、女子、女性"。"妈、她、姓、安、姐、妹、奶、婆、姑、娘、姨"等字中的"女"都是部件,这些部件表示的意义都是"女性"。最后,L老师用多媒体播放"女"的读音与笔顺动画,引导学生用手指跟随多媒体比划着书写"女",边写边读出字音,并说出各笔画名称,"女,撇点、撇、横"。

（2）汉字"姓"

L老师用葡萄牙语讲解:"姓"字为什么由"女"和"生"字组合而成呢?原来,在中国上古母系氏族时期,人们只知其母,不知其父,孩子大多都是由母亲与母亲一方的亲友抚养长大,所有人的姓氏都来自母亲。"姓"由"女"与"生"组合而成,"女"表示母亲,"生"表示出生。

（3）独体字与部件"口"

L老师用多媒体展示"口"字的古文字字形,用葡萄牙语说明"口"的古文字像一张嘴巴。"口"古文字字形像张开的嘴巴,表示"嘴巴及与嘴巴有关的"的意思。"口"既是独体汉字,也是成字部件,汉字"吃、喝、咬、哈、味、唇、嘴、唱"中的"口"都是部件,这些部件的意思都与嘴巴有关,例如:"唱"是用嘴巴唱歌,"吃"是用嘴巴吃饭菜。最后,L老师用多媒体播放"口"的读音与笔顺动画,引导学生用手指跟随多媒体在空中书写"口",边写边读出字音,说出笔画名称,"口:竖、横竖、横"。

（4）汉字"名"

L老师首先用多媒体展示"夕"的文字演化过程,用葡萄牙语讲解,汉字"名"由部件"夕"和"口"组成,"夕"的意思是"晚上"。"夕"古文字字形与"月"字是同一个字,古文字"月"既表示"月亮",也表示"晚上",后来才省去了其中一点,进而与"月"字相区别,变成"月""夕"两个字。"口"表示"嘴巴及与嘴巴有关的"的意思。"名"字的古文字字形表示"夜间看不清对方,故而出声询问或自报姓名",本义是"名字"。

(5)汉字"字"

L 老师用多媒体展示"宀""子""字"的演化过程,用葡萄牙语讲解,汉字"字"由部件"宀"与"子"组成。"宀"表示"房屋","子"表示"孩子","字"的字形像"妇女在房屋里生孩子",本义指"生孩子,生育"。独体字帮助组合成合体字,例如,"木"可以组合成"林、森","日、月"可以组合成"晶、明、朋",因此古人把独体字称为"文",把合体字称为"字",直到后来不再区分,统称"文字"。

(6)汉字"朋"

L 老师用多媒体展示了"朋"的文字演化过程,并用葡萄牙语讲解:"朋"在现代汉字中虽然是由两个"月"字组成,但因为汉字历史很长,有很多字形讹变,这里的"月"并不表示月亮,而是"贝"字的讹变,在古文字中,"朋"字像两串贝壳连在一起的形状,后来引申指"朋友"。虽然大部分汉字都可以通过其字形推测字义,但由于字形讹变等原因,必须通过古文字字形考证字义,此外,也有些汉字的形义关系已经很难考证了。

(7)汉字"友"

L 老师用多媒体展示"朋"的文字演化过程,然后用葡萄牙语讲解:汉字"友"是会意字,由部件"ナ"与"又"组成。"ナ"与"又"是"手"在古文字中的不同写法,意思都是"手"。汉字"左、右、友"中的"ナ"就是今字"手"的古字形体,"友、支"中的"又"同为"手"的古形体。"友"的古文字像两只手,表示"相互支持,相互帮助"的意义,比如,"好朋友,手拉手",本义是"朋友"。

(五)布置作业(1 分钟)

(1)书面作业

复习本课所学汉字:女、姓、口、名、字、朋、友,并把每个汉字按照笔顺规则写 5 遍,边读边写。

(2)口头作业

①说出"女、口、友"中的笔画名称与书写笔顺;

②说明"姓、朋、名、字、湖、林、森"是上下结构还是左右结构。

(3)实践作业

①在学过的汉字中找出部件"女、口";②用汉字"女、姓、口、名、字、朋、友"尽可能多地组词、词组及句子。

(六)教学反馈

课后,L 老师通过访谈发现,学生们精神焕发,非常开心,纷纷表示,通过这次学习,了解了汉字由部件组成,部件又由笔画组成,有些部件又可以帮助猜测字义。这些发现实在是太让人兴奋了。学生表示,这样的汉字教学内容,太好玩、太有用了。

三、"字源教学法"教学效果的调查与分析

"字源教学法"是验证教学法是否有效的一种方法。L 老师选取了 M 国 Y 大学孔子学院的两个汉语二级班①分别作为实验班与对照班。L 老师所带班级为实验班,共 15 名学生,另一位教师所带班级为参照班,共 17 名学生。两个班的课程安排与学习内容完全相同,两班学生的汉语水平相当,学习时长、学习进度完全同步。

(一)实验对象

M 国 Y 大学孔子学院的两个二级班。

---

① M 国 Y 大学孔子学院以三个月为一个学期,一个学期为一级。"二级学生"指已经学习了三个月汉语的学生,对汉字已经有了一些接触和了解,但是对汉字基础知识以及汉字习得规律、汉字的演变过程等一无所知。

(二)实验方法

实验班采用"字源教学法"教授汉字。对照班则只教汉字的发音、意义以及笔顺笔画,不讲汉字性质特点及其演变过程等内容。

每个单元的 3 篇课文学完以后进行听写和认读效果的检测,即每三周测试一次,共测试 4 次,比较记忆效果。

(三)教学进度

实验时长为一个学期,共 13 周。两个班教学进度完全相同。按照 M 国 Y 大学孔子学院的教学计划,实验班把《快乐汉语(第二册)》的 8 个单元共计 24 课分为两个阶段进行教学,即每个学期学习 12 课,每周上两次汉语课,每次课 100 分钟。每篇课文分两次课,共 200 分钟完成。12 周一共完成 12 篇课文的学习。最后一周是复习和期末考试。

(四)教学内容

教学内容是《快乐汉语(第二册)》课文中要求掌握的汉字,并适当根据《张老师教汉字》(汉字识写课本)补充少量内容。实验班每次课用 30—40 分钟讲汉字,每次课都有明确的汉字作业要求。对照班不介绍汉字相关知识,没有笔画、笔顺、部件以及汉字起源、演变等内容,不单独留汉字作业,对汉字的掌握没有具体要求,只是让学生根据自己的学习兴趣与学习情况去掌握汉字。下面是实验班的教学内容安排。

第一周

1.汉字介绍

(1)汉字的起源与发展。

(2)汉字的形体。

（3）汉字的结构层次。

（4）汉字的笔画与笔顺。

2.汉字"日、月、木"的 5 种字体演变与形义关系以及"象形"造字法讲解。

第二周

1.汉字指事、会意与形声 3 种造字法。例字（略）。

2.汉字"姓、名"与部件"女、口"。

第三周

1.汉字"字、朋、友"；汉字的基本笔画：横、竖、撇、捺。例字：二、十、午、八、人。

2.汉字"多、年、干"；汉字的基本笔画：点、提、钩。例字：六、头、汉、地。

第四周

1.汉字"多、年、干"；部首"女、口"。

2.汉字"每、起"；汉字的笔顺。

第五周

1.汉字"床、谁、饭"。部件"乍"。

2.汉字"里、间、沙、发、的"。部件"宁"。

第六周

1.汉字"东、边"。汉字的三种笔画关系，相离、相接与相交。例字：二、八、工、人、十、女。

2.汉字"南、对、面"与部件"宁"。汉字部件与部首。

第七周

1.汉字"桌、真"与部件"宁"。汉字的偏旁（一），形旁：女、口、木。

2.汉字"花、干、净"。汉字的偏旁（二），形旁：艹、乍。

第八周

1.汉字"买、斤"。汉字的偏旁(三)形旁与声旁。汉字"晴"里的"日"是形旁,"青"是声旁。"近"里的"斤"是声旁。

2.汉字"西、和、还"。

第九周

1.汉字"少、钱"。汉字的繁体与简体。

2.汉字"块、分、共"。声旁"八"。汉字"叭、扒"里的"八"都是声旁。

第十周

1.汉字"衣、件"。汉字笔顺的基本规则"先横后竖""先撇后捺""先上后下""先外后内""最后封口""先中间后两边",例字"十、木、干""八、人""二、三"。

2.汉字"自、行"。汉字笔顺的基本规则"先外后内""最后封口""先中间后两边",例字"用""四""小"。

第十一周

1.汉字"历、史"。形旁"土",例字"地",表旁"土"在汉字左边横要写成提。

2.汉字"理、了、作、业"。形旁"人"在汉字左边写作"亻"。

第十二周

1.汉字"科、意、思"。形旁"心"。形旁"心"在汉字"意、思"下面时仍然写作"心"。

2.汉字"习、足、毛"。形旁"足"。形旁"足"在汉字左边时,字形有变化,撇写成竖,捺写成提。例如"踢、跳、跑"中的"足"都有变化。

第十三周

1.汉字"来、踢"。复习汉字。

2.期末考试。

（五）教学测试

每单元三篇课文学完之后进行一次听写测试。听写的同时测试汉字发音和意义。《快乐汉语（第二册）》每个单元包括三篇课文，每篇课文要求掌握 5 个汉字，从中选取 20 个汉字(姓、名、字、朋、友、多、年、说、比、高、每、起、床、谁、饭、少、钱、块、分、共)进行测试，每次听写 5 个字，共听写四次。听写情况如表 1 所示。

表 1　四次听写测试情况对照表

项目	第一次	第二次	第三次	第四次
实验班参加人数	15	15	15	15
实验班正确率(%)	87	87	87	86
对照班参加人数	17	17	17	17
对照班正确率(%)	17	23	23	11

由于非洲 M 国学生对汉字完全不了解，需要从一笔一画开始学起。如果汉语教师不注重讲解汉字结构和书写规则，易导致学生缺少正字意识与整字感，缺少笔画意识与结构意识，不会拆分汉字，只能把汉字当图画来画，进而造成笔画不规范甚至错误(比如:缺失笔画或误添笔画、部件相对位置不正确等问题)。很多笔画错误都是随机的，不成规律，难以分类。总的来说，实验班所出现的笔画增减等汉字书写偏误在初级阶段十分常见，也无法完全避免，这些书写偏误对汉字的识别并没有多大影响。然而，对照班的听写情况就不容乐观了，该班学生只有个别汉字书写正确，书写偏误数量远远高于实验班，有些学生则完全不知该怎样书写汉字，只能用拼音代替。以"钱"字为例，实验班的学生大多书写正确，即使有写错的，也能够凭借字形识别出是汉字"钱"，然而，对照班的学生所写的"钱"字则大多根本不成字，完全无法辨认。

（六）实验结论

听写测试与访谈表明，实验班的学生学习汉字的兴趣明显提高，认读和识别汉字的能力得到了显著提升。实验结果证明，汉字"字源教学法"可靠有效。

四、"字源教学法"的教学启示

实验结果表明，汉字"字源教学法"是一种适合初级阶段的汉字教学方法。本案例证明，这种充分考虑汉字性质与特点的汉字教学法不仅生动有趣，而且高效可行，培养了学生的汉字学习兴趣，增强了他们学习汉语的信心。本次实验依循汉字认知规律，按照"从易到难，循序渐进"的原则，在完成规定的综合汉语教材的汉字教学任务以外，适当补充汉字基础知识，构建出一个完整的汉字体系。从汉字起源入手，系统地介绍笔画、笔顺、笔画关系、结构、部件、独体字、造字法、形旁与声旁。实验证明，汉语教师不能只依据教材上课，而应根据教学需要，适当扩展教学内容。事实证明，增加学习内容，提升学习难度，并不一定就会造成不好的教学效果，只要补充内容得当，教学方法合适，就会取得良好的教学效果。教得多、教得难反而学得更快，记得更牢，写得更好。

五、结语

L老师的"字源教学法"取得了良好的教学效果。经对照实验，相较于传统的汉语课堂，该教学法优势明显。但由于条件有限，只有两个班级在短短的一个学期内参与了实验，且学生人数有限，因此，实验结果仍需更多的教学实践进行验证。

虽然汉字"字源教学法"教学效果良好，但在实施中，也面临一些显而易见的挑战，存在一些问题。

首先,汉字"字源教学法"对教师汉字知识储备要求较高。这给教师带来沉重的工作负担。由于教材内容有限,教师只能在课前增加备课时间,查阅大量文献材料,搜索合适的视频材料与其他资料以辅助教学。

其次,该教学法对汉语教师的外语水平要求较高。教师必须有较好的外语甚至是教学对象的母语基础,否则就要在课前花费较长时间用外语准备讲解材料。

最后,有些汉字字形讹变,造字理据丢失。这些汉字如果也采用字源法进行教学,效果不佳,过多地讲解反而可能增加学生负担。

因此,教师应根据实际情况,灵活运用,才能充分发挥汉字"字源教学法"的教学效果。

案例思考题

1. 汉字教学初级阶段的主要困难体现在哪些方面?

2. 初级阶段,应教授哪些汉字知识? 本案例中,哪些汉字适合用字源法进行教学?

3. 你认为案例中的汉字教学安排是否合理? 你有哪些修改补充意见?

4. 汉字教学是否应有单独的汉字课程与汉字教材? 如果没有,如何在综合汉语课中增加汉字教学内容?

案例使用说明

1. 适用范围

(1)适用对象:汉语国际教育专业学生,新手汉语教师。

(2)适合课程:面向非汉语母语者的汉字课堂教学、赴非新手汉语教师岗前培训课程。

2.教学目的

(1)了解对外汉字教学现状。

(2)了解初级阶段汉字教学的主要内容。

(3)了解"字源教学法"的主要内容和方法原则。

(4)培养面对课程设置与教材存在不足、积极应对补充的意识。

3.要点提示

(1)相关理论

"字源教学法":"字源教学法"即通过追溯汉字的来源,向学生讲解汉字的产生、演变和发展,通过介绍汉字造字法,挖掘汉字以形表义的内在特点和规律,说明汉字形、音、义之间的关系。

(2)关键知识点

借助案例中的描述,明确"字源教学法"的设计和应用,构建一套系统完整的初级阶段汉字教学体系,了解如何展开汉字教学。

(3)关键能力点

①发现问题的能力:能够及时发现课程设置与教材的不足,并引起重视。

②研究问题的能力:能够通过备课补充教学内容。

③解决问题的能力:能够根据教学对象,运用"字源教学法"设计教学内容,并在实践中检验这种教学法的有效性。

(4)案例分析思路

①通过问卷调查与访谈,发现教学中存在汉字教学的尴尬现状;②运用字源法进行汉字教学设计;③通过对比,确认字源教学法的有效性;④根据教学实践,提出合适的汉字教学建议,为新手汉语教师开展汉字教学提供借鉴和参考。

4.教学建议

（1）时间安排：大学标准课 4 节，共 180 分钟。讨论交流 1 节课，意见汇报 1 节课，教师点评 1 节课，全班讨论和总结 1 节课。

（2）环节安排：4—5 人一组，每组选一个思考题中的题目进行讨论→小组代表进行汇报→教师对小组的汇报进行点评→全班讨论和合作，对本课知识进行总结。

（3）适用范围：30 人左右的班级教学。

（4）组织引导：教师提前两周布置预习，向学生提供案例，要求学生提前对思考题进行思考。

（5）活动建议：①教师提前一周布置阅读任务，阅读任务包括汉字知识与汉字教学方法；②要求学生明确小组分工，了解初级阶段汉字教学任务，在汇报时结合教学实际情况讨论案例；③教师在教学过程中，注意观察学生表现；④教学结束后对学生进行访谈，分析学生测试成绩；⑤及时了解教学效果，根据情况进行调整以提高教学效果；⑥每个小组都以 PPT 的形式进行汇报并上交汇报讲义，课后由教师整合并与学生分享；⑦成绩考核材料包含：汇报情况、小组讨论记录、汇报讲义和课程报告。

5.推荐阅读

［1］裘锡圭.文字学概要［M］.北京：商务印书馆，1988.

［2］饶宗颐.符号·初文与字母——汉字树［M］.上海：上海书店出版社，2000.

［3］马健."在我眼里中国文字最美"——访法国首位汉语总督学白乐桑先生［J］.国际人才交流，2006(7)：18-19.

［4］林源.略论汉字的理据性在对外汉语教学中的价值［J］.语文学刊，2007(9)：113-115.

［5］段玉裁.说文解字注［M］.上海：上海古籍出版社，2008.

[6] 林西莉. 汉字王国[M]. 李之义, 译. 北京: 生活・读书・新知三联书店, 2008.

[7] 国家汉办/孔子学院总部. 汉字五千年[M]. 北京: 新星出版社, 2009.

[8] 彭万勇. 对外汉字字源教学法构建研究[D]. 重庆: 西南大学, 2009.

[9] 李乐毅. 汉字演变五百例[M]. 北京: 北京语言大学出版社, 2015.

附录 中文版调查问卷

M 国 Y 大学孔子学院汉字学习情况调查问卷

您好,本次调查是为了了解莫桑比克蒙德拉内大学孔子学院学生汉字学习的基本情况。请根据自己的真实情况填写答案。您的回答对于我们的研究有着重要的意义。谢谢您的积极参与。

第一部分 调查对象基本信息

1.性别:□男　　　□女(请在□内打"√")

2.您的年龄:

A.18—20　　B.21—25　　C.26—30　　D.30 岁以上

3.您学习汉语的总时长:

A.3 个月以下　　　　　　B.3 个月到 1 年

C.1—3 年　　　　　　　D.3 年以上

第二部分 汉字学习态度调查

1.你觉得汉字?

A.很容易　　B.比较容易　　C.比较难　　D.非常难

2.你觉得学习汉字有必要吗?

A.非常有必要　　　　　　B.有必要

C.没必要　　　　　　　D.完全没必要

3.如果你了解到汉字"山"是由演变而来的,"月"是由演变而来的,你会觉得汉字有意思吗?

A.非常有意思　　　　　　B.有点意思

C.不确定　　　　　　　D.完全没意思

4.如果你了解了上述知识,你觉得对学习汉字有帮助吗?

A.非常有帮助,增加了学习兴趣

B.有点帮助

C. 不确定

D. 没有帮助, 增添学习负担

5. 学习上述汉字知识对了解中国文化有帮助吗?

A. 非常有帮助　　　　　　B. 有点帮助

C. 不确定　　　　　　　　D. 完全没帮助

6. 如果对汉字学习没有兴趣, 你觉得是以下哪些原因造成的? (可多选)

A. 汉字本身很难　　　　　B. 教师教学方法单一枯燥

C. 汉字讲解没有配合多媒体教学手段辅助

D. 汉字书写任务繁重　　　E. 汉字数量庞大, 望而生畏

第三部分　汉字理论知识调查

1. 汉字是最古老的文字之一?

A. 同意　　　B. 不同意　　　C. 不确定

2. 汉字有象形、指事、会意、形声四种造字法?

A. 是　　　　B. 不是　　　　C. 不确定

3. 笔画是构成汉字最小的单位吗?

A. 是　　　　B. 不是　　　　C. 不确定

4. 下列各组中全部是左右结构的是?

A. 李、国　　B. 不、宫　　C. 朝、休　　D. 想、好

5. "山"是象形字吗?

A. 是　　　　B. 不是　　　　C. 不确定

6. "晴"是形声字吗?

A. 是　　　　B. 不是　　　　C. 不确定

7. 下列汉字中跟其他 3 个都很不相同的那个汉字是?

A. 恨　　　　B. 白　　　　C. 怜　　　　D. 草

8. 你知道"日"是由演变而来的吗?

A. 知道　　　B. 不知道　　　C. 有点印象, 但忘记了

9. 如果你不知道以上汉字理论知识,原因是:(多选)

A. 老师没教

B. 老师教了但没记住

C. 缺乏了解的途径,如书籍、网络等

D. 没兴趣知道

第四部分　汉字书写情况调查

1. 写出汉字的基本笔画。

2. 写出汉字"子、木、小、达、国"的笔顺。

3. 写出下列汉字的拼音。

看(　　)想(　　)打(　　)法(　　)课(　　)

汉语国际教育专业硕士研究生
实习阶段职业认同变化

郑　崧　蒋见闻 *

摘　要:在汉语国际教育专业硕士研究生的培养过程中,"教育实习"是一个至关重要的环节,是学生从理论学习到职业生涯的过渡,也是容易困扰他们职业认同的阶段。该案例运用问卷调查和半结构式访谈等研究方法,对 Z 大学 2017 级汉语国际教育专业硕士研究生教育实习体验进行了调查,发现汉语国际教育专业硕士研究生的教育实习并不是影响其职业认同的主要因素。造成他们职业认同困扰的主要原因是缺少专业对口的就业机会。但是从个体来看,教育实习的体验也会对部分汉语国际教育专业硕士研究生的职业认同产生或积极、或消极的影响。

关键词:汉语国际教育专业硕士研究生;教育实习;职业认同;专业认同;影响因素

Changes in Career Identity Undergone by MTCSOL
Students during Their Internships

Abstract: Educational internships are a key component in the training that students receive in MTCSOL (Master of Teaching

---

　*　作者简介:郑崧,男,浙江金华人,浙江师范大学国际文化与教育学院副教授,硕士生导师,教育学博士。蒋见闻,女,江苏大丰人,浙江师范大学国际文化与教育学院 2017 级硕士研究生。

Chinese to Speakers of Other Languages) degree programs. It is during these internships that students make the transition from theoretical learning to professional careers. It is also the point in their studies where students are concerned about career identity. This case study investigates what the 2017 cohort of MTCSOL students at Z University experienced during their educational internships. This study found that the educational internship is not a significant factor influencing the career identity of graduate students majoring in MTCSOL. The main reason for their concerns about career identity arise from the lack of job opportunities that correspond to the major. However, from the point of view of the individual, experiences in the educational internship can produce either positive or negative influences on the career identity of a graduate student majoring in MTCSOL.

Key words：MTCSOL；Educational internship；career professional identity；Influence factor

背景信息

　　根据国家汉办的统计数据,除中国(含港澳台)之外,全球学习使用汉语的人数已超过 1 亿人,其中包括 6000 多万海外华人华侨,以及 4000 多万各国主流社会的学习和使用者。与此同时,70 多个国家通过颁布法令政令等方式将汉语教学纳入国民教育体系,170 多个国家开设汉语课程或中文专业。在此背景下,以培养汉语作为外语教学师资的汉语国际教育(Teaching Chinese to Speakers of Other Languages,简称 TCSOL)专业在国内各高校蓬勃发展。目前,国内开设 TCSOL 专业的

院校超过 300 所,其中开设并招收汉语国际教育专业硕士
(Master of Teaching Chinese to Speakers of Other Languages,简
称 MTCSOL)的学校近 150 所,每年招生数以千计。2018 年,
国内高校又开始招收汉语国际教育专业博士研究生。完整的
"学士—硕士—博士"三级学位体系的建构回应了国际中文教
育事业发展的现实需求,体现了国内学界与学子对这个专业的
强烈认同感。然而,在全球汉语学习需求持续扩大和国际中文
教育快速发展的同时,一个值得我们注意的现象是,汉语国际
教育专业的学生,特别是本科生和硕士生,相当一部分人在毕
业后并没有选择与专业对口的职业。以 Z 大学为例,近些年,
该专业硕士研究生对口就业率逐年下滑,2015 届毕业生对口就
业率为 29%,2016 届为 20%,2017 届则只有 9%①。而且,其
他高校汉语国际教育本科生及硕士研究生的毕业生就业状况
也存在类似的状况。为什么在专业认同与职业认同之间存在
这么大的差距?

　　实习阶段是汉语国际教育硕士从专业学习到职业实践的
一个过渡阶段,也是影响研究生的专业认同向职业认同转变的
一个关键阶段。在这个阶段,实习生有着双重身份。对他们而
言,该阶段是他们第一次真正近距离接触职场的时期,也是个
人理想与现实状况第一次发生真实碰撞的时期。学生在这一
时期所获得的职业认知以及职业体验,在很大程度上影响他们
未来的职业选择和职业认同。那么,在实习体验中,哪些因素
最有可能造成上述影响呢?

---

① 数据来源:Z 大学国际文化与教育学院研究生就业统计。

案例正文

一、基本信息

Z大学汉语国际教育硕士研究生的培养学制为2—4年,在第3学期都要开展教育实习,海外实习一般为第3—4学期。此次调查对象为2017级汉语国际教育硕士研究生,共计59人。

从本科的专业背景来看,在59人中,本科专业为汉语国际教育的有41人,约占69.5%;本科专业为英语的有7人,约占11.9%;本科专业为汉语言文学的有4人,约占6.8%;本科专业为旅游管理、化学、工程管理、人文教育、风景园林、小学教育、国际经济与贸易专业的学生各1人,约占总人数的11.9%。

上述59名学生中,有31人通过了孔子学院总部组织的选拔考试,分别赴喀麦隆、莫桑比克、坦桑尼亚、美国等国的孔子学院担任汉语教师志愿者;另有18人选择在国内外的合作院校从事汉语教学工作,其中选择海外实习的有6人;此外,9名学生在自己选择的学校或教育机构实习,还有3位留在本校的国际学院实习。与其他专业的教育实习不同,汉语国际教育硕士研究生的教育实习一般是顶岗实习,特别是海外的教育实习。顶岗实习的实习生往往缺少与实习指导教师的沟通。

由于69%的学生本科专业就是汉语国际教育,在本科毕业实习或考研之前都从事过一些课堂教学工作。但同时也有37%的学生在实习前基本没有课堂教学经验,因为近31%的学生属于非师范的或跨专业背景学生,所以缺乏教学经验也是在所难免的。另外,有13.5%的学生有1年及以上的教学经验。

从教育实习时长来看,有19人的实习时长为一学期,主要形式是在国内实习基地或在自行联系的开展国际汉语教学的相关单位实习;有27人实习时长为一学年,主要是孔子学院汉语教师志愿者和海外实习基地教师。此外,在教育实习后期,有 13 人将实习时长延长至两学年。

后期的跟踪调查反馈显示,在这批研究生中,72.9％的学生表示仍然喜欢并乐意从事汉语教学工作,但同时也有 22％的学生处于职业认同不稳定的状态。对于本专业的就业前景,近半数表示保持乐观,同时也有 7 位学生表示并不太看好,还有23 位学生对此持不确定态度。

二、实习体验

一个学期以上的教学实习使得每一名实习生都获得了比较丰富的体验。

在参与教育实习的学生中,除 1 名实习生认为自己的实习"得不偿失"外,其余同学都认为自己的实习还是比较有收获的。其中的 54％认为"有一些收获",更有 44％的学生认为"很有收获"。谈及具体的收获,78％的学生认为自己适应环境的能力得到了提高,73％的学生认为积累了相当丰富的教学经验,66％的学生认为提高了自己分析和解决问题的能力;此外,有 58％的学生认为自己的人际交往能力得到了显著的提高,还有 56％的学生认为自己的组织管理能力得到了提升。

教育实习丰富了实习生的汉语课堂教学经验,提高了他们的教学能力、组织能力、沟通能力以及跨文化交际能力,同时也让他们收获了快乐。

访谈中,C 同学谈道:"在实习过程中,我不仅锻炼了课堂教学能力,也锻炼了社交、组织和策划等各方面的能力,以前活动策划举办,都还只停留在书本的案例中,现在我可以自己独立去完成一些小的文化活动。"D 同学认为:"通过实习,眼界更开阔了,看到了不同的文化,体验了不同人的生活方式,以及这边的学生和国内学生的差别，学习方式、学习态度和学习目的的不同，还有怎么与人接触交流，怎么样在陌生的环境中让自己更好地适应，更快地去调整自己。"E 同学说道："主要收获有教学技能提升、课堂管理等方面的，怎么样留住学生，怎么样不让他们迟到或者早退等，另外，我和当地人以及陌生人的交流沟通的能力有所提高，现在和学校的老师还有领导，如果有问题可以及时和他们沟通反映，他们也能给我很好的反馈，让我觉得自己的沟通能力还是比较好的。并且更加独立自主了，以前总喜欢有朋友在身边，但现在一个人在教学点，也可以自己好好做饭吃饭，感觉独处也挺好的。"（以上文本转自访谈录音）在收获快乐的学生眼里，经验的积累、能力的提高远比挣到了零用钱要更让他们感到快乐。此外，教育实习也让实习生在工作中收获了难忘的友谊，绝大部分实习生与实习学校的老师和同事相处融洽。

当然，实习体验也不全是积极的，实习期间的工作与生活也必然会给实习生带来"不舒服感"或者"无助感"。主要原因诸如：学生不配合，得不到一些学生的尊重；教学效果不好；感觉自己像廉价劳动力；缺少各方的关心和照顾等。实习期间所经历的不适与无助让部分学生在实习中产生了厌烦、焦虑等负面情绪，或多或少影响到了他们的实习成就感和获得感。

单就教学而言，让实习生感到迷茫无助的主要原因有：语言本体知识欠缺，有些内容很难甚至无法向学生解释清楚，深感在学校之所学尚难以满足教学实际之所需，主要体现在汉语课堂教学课程的实用性、专业性不强等方面。实习生在实习过程中碰到了各种各样的问题，最为突出的是"语言障碍导致和学生交流困难""学生态度不积极"以及"缺乏专门的指导老师"这三方面。

同时,在受调查者中,多达 33.9％的受调查者认为指导老师只做了一般性的指导,仅有 20.3％认为指导老师是非常认真负责的;还有 30.5％认为指导老师只对重点问题做了指导,有 15.3％认为指导老师未做任何指导,甚至有的根本就不知道指导老师是谁。我们认为,缺乏专业教师的有效指导,实习生们难以及时、有效地解决实习中遇到的教学问题。对此,B 同学也认为,"实习期间能有一个指导老师,可能会更好一点,这样,好的不好的,都能有人告诉你,尤其是不顺利的时候,不知道该怎么办,或者有时候也会盲目自信"(以上文本转自访谈录音)。

在本次接受调查的学生中,有超过半数的学生是在非洲国家孔子学院实习。作为汉语国际教育专业硕士研究生重要的实习平台,孔子学院的管理机制也是影响教育实习体验和成效的一个重要因素。比如,有学生认为,孔子学院在工作任务分配、评优评先等方面的机制不够公平,影响了实习生的实习体验和工作积极性,并间接导致职业认同感降低。"实习单位评优不够客观,因为分工不一样,平常有些人做的事会比较多,但评分表上也不会让这些老师占优势,打分的时候并没有落实到每一项,在一定程度上影响了部分人的工作积极性"(以上文本转自访谈录音),感到职业认同感明显降低的 F 同学如是说。

在实习期的生活方面,因调查对象多为海外实习,难免存在水土不服的现象,这可能严重影响到实习生的心情状态和生活质量,甚至波及教学工作状态,进而导致消极体验。从调查结果来看,"居住和周边的环境"是他们面临的最大问题。D 同学在非洲孔子学院实习期间罹患登革热,他回忆道:"来之前我就很害怕,生活了三四个月感觉没那么担心了,但是还是生病了,又开始害怕起来了,想早点回国。"(以上文本转自访谈录音)调查发现,相比之下,海外实习生经常或偶尔会感到身心不适的比例要明显高于国内实习生。

基于实习体验，实习生认为要顺利圆满地完成教育实习，"较强的环境适应能力""对工作的热情"以及"较强的教学能力"这 3 个因素要比"了解实习单位的情况""扎实的语言功底"和"优秀的人际交往能力"等因素更为重要。

通过实习，实习生也发现了自身亟待提高的地方，比如外语听说能力、教学技巧、专业基础知识、课堂教学组织管理能力以及中华传统才艺等等。

关于对教育实习的整体评价，即与实习预期相较而言，除了有两位学生分别认为"完全一致"和"出入很大"外，绝大部分认为是"基本一致"的，其中的 59.3% 认为这个职业比自己想象的要更有趣一些，但同时也有 37.3% 发现自己对汉语教学工作感到有些失望。

三、实习生职业认同变化

完成教育实习之后，59 名学生中的 22 人认为自己的职业态度发生了转变，其中仅有 5 人认为自己提升了职业认同感，而另外的 17 人则认为自己的职业认同感下降了。这里就产生了两个疑问：

（1）为什么大多数学生的实习体验是积极的，但实习结束时却有这么多人的职业认同感变得消极呢？

（2）是什么因素导致他们的职业认同感下滑呢？

对此，我们进行了以下分析和探讨：

在这 22 名学生中，从专业背景来看，有 14 人的本科专业是汉语国际教育，另外 8 人则来自汉语言文学、英语、旅游管理、人文教育和工程管理等专业；从实习地点和时长来看，有 14 人是在国外进行了为期一学年的实习，其余 8 人则在国内实习,实习时长为半学年;就实习前从事教学工作的背景看,其中的 11 人是没有任何教学经验的,另外 11 人则有不同时长的与教学相关的实习或工作经验,其中的 5 位有半年以内的教学经验,3 位则有一年以内的教学经验,还有 3 位是有一年以上的教学经验;从实习前的职业认知来看,22 人对将要开展的实习工作都有了一定的了解,其中 68% 的学生表示自己一直很喜欢从事汉语教学工作,然而对本专业就业前景持比较乐观态度的人数仅为 41%。

此外,在职业认同感降低的 17 位学生中,有 71% 是原本对汉语教学一直比较感兴趣的。而原先对汉语教学就业前景表示"不太看好"的学生中,职业认同降低的比率为 24%,职业认同提升的比率为 40%。在以上两类学生中,关于就业前景,前者即"职业认同感降低"的这一类学生持"乐观态度""不确定态度"以及"不太看好"的比率分别占 47%、41% 和 12%;而在后者即"职业认同提升"的学生中,选择上述三项的人数则分别为 20%、60% 和 20%。对比两组关于就业前景的数据,持"乐观态度"的学生,其职业认同降低比提升的比率高 27%;持"不确定态度"的学生,其职业认同提升比降低的比率高 19%;而表示"不太看好"的学生,其职业认同提升比降低的比率高 8%。

快乐的、富有成就感的实习体验提升了部分同学的职业认同感。B 同学在 Z 大学的合作机构实习,"一直都挺喜欢对外汉语教学的工作,实习后也觉得会比一般的语文教学工作更有趣,如果后面能在国内有机会找到对口的工作,还是会首先考虑的"。C 同学作为孔子学院志愿者选择继续留任,他表示"经过一年的实习后,更加坚定了我成为对外汉语教师的信念,所以我想选择留任,完成两年的志愿者工作后,再考对外汉语专职教师;其实还有一个原因,我看到身边很多刚毕业的同学,找工作也不是很顺利，所以说我暂时想逃避国内高压的就业环境，对我来说现在这样还是比较稳定的"。通过对比实习前后的职业意向，E 同学承认"实习前完全没有从事对外汉语教师的想法，只是把它当作一次专业实习。我本科也不是汉语国际教育专业的，所以在实习前也是完全不了解。而当我经过一学年的教学之后，我获得了很大的成就感，这也改变了我对从事我们这个职业的想法，因此我也想继续留任"。

与此相反，在职业认同降低的同学中，有 4 位正是因为实习过程中遭遇了困难，现实不如预期，信心受挫，以致产生放弃继续本专业领域就业想法。例如，A 同学吐槽："每次觉得自己去上课有点可有可无，一两个学生，有时候也不在意你在讲什么，只是感觉在完成任务一样，和其他同学相比，工资也是少得可怜。"D 同学也说："在外实习这一年，其实对我产生了很多不好的影响，以前觉得未来是闪闪发光的，经历了实习之后，让我变得没那么自信了。第一个是任教学校存在的问题，学校根本就不管这个汉语课，从招生到安排教室，安排学生等其他各个方面，所有的事情都要老师自己去解决。在教学方面，我也退化了很多，以前会非常认真努力地备好课，主动去跟学生交流沟通，来这儿之后完全不想好好备课，学生领悟能力太差，领导也只关心最后的成绩。"

在人际关系方面，与总样本数据相比，在 22 位发生职业认同变化的学生中，认为人际关系"非常好"的比例明显低于总样本比例。其中，表示与实习学校教师（非汉语教师）的人际关系"非常好"的比例低了 17％，而与其他汉语教师同事的关系为"非常好"的比例则低了 34％。相反，认为人际关系为"一般""不好"的学生产生职业认同变化的比例占到 100％。这组数据说明，在实习过程中，人际关系的处理对实习体验的影响是较大的。职业认同感降低的 D 同学也回忆道:"在刚到实习点时,同事的性格也不是很热情,所有的事情都要自己去解决,会觉得刚开始没有人帮助你会更加地难过,会把悲伤的情绪放大,觉得孤独、无助,遇到一些小的问题,就很容易放大,一个人在外生活工作其实挺难的,你会发现真正地接触了工作之后,就会遇到很多问题,你的同事、学生都会有很多问题需要去处理,而且你真正进入工作环境之后,不会再像在学校的时候,有些人可能会为了自己的利益有一些不好的行为。"

此外,调查数据还表明,因自己不能很快适应当地气候环境而经常感到身体不适的学生的职业认同变化比例偏高,在实习期间身患登革热的 D 同学就是职业认同感降低的实习生之一;相比之下,那些"偶尔"或"几乎没有"感到身体不适的学生的职业认同则更趋向稳定。另外一点,在选择"几乎没有"主动与他人提出问题的学生中,职业认同出现降低的比例达 50%。

在职业认同感降低的 17 名学生中,还有 10 人认为,导致其职业认同变化的主要原因是专业发展不完善、就业形势严峻和就业压力大。一般来说,汉语国际教育专业硕士研究生的就业流向有国内和国外两个方向。

(1)国内:应聘对外汉语教学机构(一般可从事教学、管理、教务、培训、研发、线上教学等工作);签约高校专职教师(合同制);应聘国际学校汉语教师;应聘国内中小学教师;其他行业。

(2)国外:申请国家汉办汉语教师志愿者以及公派教师项目;应聘国际学校(如×××外籍人员子女学校等);应聘海外个人创办的汉语培训机构;等等。

吴应辉(2016)的研究表明,来中国学习汉语的外国学生的总数还不到全球学习汉语人数的 1%,因此海外汉语教学仍是汉语教学的主要平台,海外也是汉语国际教育专业硕士毕业生的主要就业市场。国内对口的就业岗位相对短缺，且限制条件多，以上种种原因加大了汉语国际教育专业硕士毕业生在国内对口就业难度。A 同学是在国内实习的，他说："现在的就业形势太严峻了，经历了两次就业失败后，一度以为自己要成为无业游民了，能找到专业对口的工作机会太少了。然而现在的中小学在招收语文老师的时候，也更偏向于语文学科的，还有一个我去面试的学校，直接提出说更倾向于聘用有经验的语文老师，找工作对于我来说真的是一个很大的挑战，只觉得自己空拿了一张文凭。"D 同学也说："看到孔院其他的专职教师，两年的志愿者、三年的专职教师，今年任期结束还是回去找工作了，所以我觉得就算我继续在外面工作，几年之后回去还是要从头开始，不如早点回去安定下来。"

案例思考题

1.根据案例，汉语国际教育专业硕士研究生在作为新手教师的发展过程中，专业认同和职业认同之间的关系是怎样的？

2.汉语国际教育专业硕士研究生在专业认同向职业认同转变的过程中，有哪些条件性因素？

3.在汉语国际教育专业硕士研究生的教育与培养过程中，应从哪些方面促进专业认同和职业认同的和谐发展？

案例使用说明

1.适用范围

（1）适用对象：汉语国际教育专业硕士研究生。

（2）适用范围：汉语国际教育专业硕士研究生培养、教育实习等。

2.教学目的

(1)了解目前高校汉语国际教育专业硕士研究生的教育实习模式。

(2)体会汉语国际教育专业硕士研究生的教育实习经历。

(3)促进汉语国际教育专业的发展。

3.要点提示

(1)相关理论

①职业认同

个体对所从事的职业的目标、职业的社会价值及其他因素的看法、认识完全赞同或认可。

②专业认同

学习者对所学专业的接受与认可,并愿意以积极的态度和主动的行为去学习与探究。

(2)关键知识点

汉语国际教育专业硕士研究生教育实习的特殊性,教育实习与职业认同的关系,教育实习中存在的问题,以及就业形势对职业认同的影响,等等。

(3)关键能力点

培养学习者的问题意识,提升观察问题、发现问题、解决问题的能力。

(4)案例分析思路

第一,通过仔细阅读、思考案例,熟悉并把握案例的主要内容。

第二,对案例中出现的问题进行归纳分析。

第三,利用相关的研究成果,提出合适的改进方案。

4.教学建议

(1)时间安排：课堂时间建议控制在 120 分钟内。

(2)环节安排：

课内环节：案例导入环节(建议时间 10 分钟)，阅读案例环节(建议时间 25 分钟)，分组讨论环节(建议时间 60 分钟)，教师点评环节(建议时间 25 分钟)；课外环节：学生就调查中出现的问题，提出有效的解决建议，在分析讨论后以小组形式提交一份不少于 2000 字的报告。

(3)教学方法：案例分析、阅读指导、分组讨论、探究性学习等。

(4)组织引导：教师布置任务要清晰；提供给学生必要的参考资料；对学生课上、课下讨论及时点评并给出建议；指导学生撰写报告和论文。

5.推荐阅读

[1] 柴如瑾,王忠耀. 前所未有的"汉语热"[N]. 光明日报, 2017-10-28(09). http://news.gmw.cn/2017-10/28/content_26629387.htm.

[2] 李春玲,王素梅,董萃. 论汉语国际教育硕士培养的实践模式——以沈阳师范大学为个案[J]. 沈阳师范大学学报(社会科学版),2012(5):95-97.

[3] 李炜东.从教师专业发展角度看汉语国际教育专业硕士的海外实习[C]//国际汉语教育人才培养论丛(第二辑).北京:北京大学出版社,2011:235-243.

[4] 马秀丽.香港大学"学校—大学伙伴计划"及其对对外汉语教学实习模式的启示[C]//国际汉语教育人才培养论丛(第三辑).北京:北京大学出版社,2012:368-375.

[5] 吴春相.谈谈汉语国际教育硕士生的实践是一种体系

[C]//.国际汉语教育人才培养论丛(第二辑).北京:北京大学出版社,2011:219-227.

[6]吴方敏.汉语国际教育专业学位研究生的教学实习及管理问题[C]//国际汉语教育人才培养论丛(第二辑).北京:北京大学出版社,2011:228-234.

[7]吴应辉.汉语国际教育面临的若干理论与实践问题[J].云南师范大学学报(哲学社会科学版),2016(1):38-46.

[8]顾馨梅,厉爱民.师范生专业发展导论[M].南京:南京大学出版社,2019.

[9]刘熠.叙事视角下的大学公共英语教师职业认同建构研究[M].北京:外语教学与研究出版社,2011.

[10]朱旭东.教师专业精神研究[M].北京:北京师范大学出版社,2017.

中文歌曲在课堂教学与管理中的应用 *

郭剑波　韩　欢

摘　要:中文歌曲是近年来汉语教师在课堂上采用较多的一种辅助教学方法。它在辅助教学方面有很多优势,如练习听力、提升学生词汇量、提高学生学习兴趣、增强学习动机等。在海外汉语课堂,许多教师为提高学生学习汉语兴趣以及增进对中国的了解,有效运用中文歌曲辅助课堂教学与管理。该文中的 8 个案例直接来自坦桑尼亚的汉语课堂教学与管理实践,涉及用中文歌曲辅助语言要素、中华文化教学,进行课堂管理等方面。

关键词:坦桑尼亚;中文歌曲;汉语教学;课堂管理

The Use of Chinese Songs in Classroom Teaching and Management

Abstract: In recent years, Chinese language teachers have used songs to supplement their teaching. As a supplement to teaching, this approach has many strong points related to practicing listening comprehension, promoting vocabulary acquisition, stimulating greater student interest in learning, and strengthening student

---

* 作者简介:郭剑波,男,浙江诸暨人,浙江师范大学国际文化与教育学院副教授,硕士生导师。韩欢,女,陕西咸阳人,浙江师范大学 2017 级国际文化与教育学院 2017 级硕士研究生。

motivation to learn. In overseas Chinese language classrooms, many teachers have effectively used Chinese songs to supplement their classroom teaching and management to increase student interest and enhance their understanding of Chinese culture. The eight case studies discussed in this paper are based on actual Chinese language classroom teaching and management practices in Tanzania as they relate to the use of Chinese songs in supplementing the teaching of key language points and Chinese culture, and in engaging in classroom management.

Key words：Tanzania；Chinese songs；Chinese teaching；Classroom management

背景信息

圣克里斯汀娜女子中学是坦桑尼亚达累斯萨拉姆大学孔子学院下属的教学点，是一所规模不大的私立学校，学校有学生1100多人，教职工70多人（其中，当地老师40多名，勤杂工30名，汉语老师2名）。学校位于坦噶（Tanga）省坦嘎市郊区，距市区约10分钟车程。当地学校的学制是初中四年、高中两年。学生不仅要学习语言、数学、物理、生物等课程，还要接受一些职业教育，如经济、商业等领域的课程，学生修习的课程最多可达11门。学校设初中部和高中部，初中部从一年级到四年级，每个年级两个班；高中部是五年级和六年级，每个年级四个班。在该校，汉语课程的性质不确定，初中一年级是必修课，初中二至四年级都是选修课，高中部五年级是兴趣课，六年级则没有开设汉语课程。

汉语已被纳入坦桑尼亚国民教育体系，开设汉语课程的中学可以申请汉语国考(相当于中国国内的中考),初中二年级和四年级都可申请。参加汉语国考的学生,汉语成绩计入总成绩,作为升学的参考成绩,所以,学校对这两个年级的汉语教学比较重视。但学校也要求汉语教师安排好教学时间,不要影响学生其他科目的学习。

相比国内,坦桑尼亚的学生学习压力较小,但课堂学习时间较长。比如,初中生每天有 11 节课,高中生每天有 13 节课,每节课 40 分钟,课间无休息,中午没午休。学生除了学习以外,还有丰富的课外活动,比如,每周的每天下午都会有运动课。此外,学校也很重视职业教育和语言教育,从初中开始,学生就会有商业、经济方面的课程。语言课程方面,除了母语教育,学生还会选学英语、汉语、法语、德语、阿拉伯语等外语课程。一般学校会选择两种外语让学生学习,在 H 老师任教的女校里,学生的外语课程是汉语和法语。因国考需要,现在统一使用的汉语教材是《快乐汉语》系列教材。

案例正文

一、中文歌曲辅助语言要素教学

在圣克里斯汀娜女子中学教学点,学生们很喜欢学习汉语,但由于学生在其他课堂上的学习时间长,作业多,导致其精力不足。汉语课堂上也出现了教学与管理的各种问题,集中表现为知识掌握不牢固、课上频繁去洗手间、开小差、迟到、睡觉等现象。为了增强学生学习兴趣,提高教学质量,就需要在教学上进行创新,吸引学生注意力,让学生在愉快的氛围中学好汉语。因此,H 老师决定将中文歌曲引入课堂。

(一)"会"说汉语的零起点学生

刚到坦桑尼亚的第二周,H 老师和另外一位志愿者教师得知要为五年级的学生讲授汉语课,并被告知,该校的五年级学生在此之前没有学过汉语,需要从零开始。到了第三周,教学活动正式开展。为了拉近和学生的距离,H 老师用蹩脚的斯瓦希里语(Kiswahili)和学生打招呼,学生们竟然很开心地用汉语回答道:"你好!"H 老师又问:"你好吗?"学生回答:"我很好。"H 老师又让学生拼读了简单的拼音字母,她们也都准确地读了出来。H 老师心里很是疑惑,不是说学生们没有学过汉语吗?

在教学时,H 老师就预设学生已经学过了简单的汉语,在教学过程中给汉字直接标注了拼音,没有着重讲授汉语拼音,将教学的重点放在了汉字方面。到第三节课时,H 老师让学生根据拼音来读汉字,学生都说不会,H 老师只好重新开始教声韵拼合方面的知识,学生的发音不是很好,例如:b 和 p、u 和 ü 总是分不清楚,读拼音经常出错。H 老师终于意识到,自己确实误判了学生的汉语水平,并在教学上进行了改进,采取了用儿歌《家庭歌》教学生"家庭成员"并同时帮助学生分清 b 和 p 的方式。

斯瓦希里语是坦桑尼亚的两种官方语言之一(另一种是英语)。斯瓦希里语没有声调,而有很多浊音。汉语是有声调的语言,清音占优势,总共只有 4 个浊音声母。母语和目的语发音的差异导致学生总是分不清汉语的声调。但是,如果用唱歌的方法,学生在句子中更容易感受到声调的存在和变化,进而能锻炼和提高学生汉语发音的能力。《家庭歌》包含很多家庭成员的称呼,学生唱歌时也在练习发音。比如"bà ba""wài pó"等等,有助于学生区分"b 和 p"。歌曲中的亲属称谓让学生能够在短时间内了解汉语中有关家庭成员的称呼,在讲课时,教师可将歌曲中的亲属关系画成谱系树,让学生边听、边唱、边看,多方面输入信息,学生的学习效果比单一讲练的形式好,记忆的时间也较长。后来,在教学过程中,H老师根据教学内容选择歌曲,比如,某课的语音教学重点是韵母 üan、an,汉语教师就可以选出二者出现频率较高的歌曲,让学生反复练习。

通过练唱中文歌曲,学生能感受到汉语音高的变化,再搭配节拍变化,比单独练习发音要容易得多,学生发音不准确的问题能得到一定程度的解决。这是因为配上音乐后,节奏感更强、音高变化更加明显,这样练习发音的效果也更好。

（二）用中文歌曲教词汇

某天,H老师为三年级某班学生授课,该班人数不多,但学生的学习动机较强,有两个学生要去中国读高中,其他的想去中国参加夏令营,因此,学生们上课都很认真。

H老师进入教室,先做课程导入。H老师告诉学生,中国的暑假时间很长,有两个月,暑假期间,很多人都会外出旅游,缓解学习的压力和疲劳。学生们回应说,她们假期也会外出游玩,H老师就借机引导学生结合自己的经历谈谈当地人假期外出旅游的目的地等情况。

一阵"热议"过后,H老师微笑着宣布:"今天,我们要学习的课文是《我去西部山区度暑假》。"由于文中出现了很多地点名词,比如:山区、大海。学生表现出极大的兴趣,纷纷用英语向H老师问道:"中国都有什么? 有没有海? 有没有山? 景色美不美?"H老师给学生拓展了很多新词,学生们听得很认真。

复习第二节课时,检查了学生的复习情况,发现学生只记住了一部分生词。有的学生说:"老师,生词太多了,我过两天一定能记住。"坦桑尼亚的学生很喜欢承诺,但不一定会做到。

H 老师在课下了解到,当地学生很喜欢音乐,尤其是歌曲,于是,H 老师有了一个想法——让学生学中文歌曲!在记忆歌词的同时,说不定就把一些生词也顺便记住了。音乐不仅是音乐符号,也是一种语言符号,学生学习歌曲的过程,也是学习语言的过程。由于学生在全神贯注的状态下记忆词汇时,其记忆效果往往反而较差,而在唱中文歌曲时,音乐可以使学生心情放松,调动其学习兴趣,进而激发其较强的内部学习动机,很快就会记住所有的歌词。策略方面,理论上讲,如果把汉语学习中的生词编入歌曲引入汉语课堂教学,在学唱歌曲的过程中,学生在记忆歌词的同时也在记忆相关词语,如果学生把歌曲学会了,也就记住相应的汉语生词了。心理方面,中学生的自主学习意识不强,常常是被动学习,在听、唱歌曲过程中,学生由被动转变为主动,可以轻松掌握新的知识点,有的学生甚至会自己开始思考、上课主动提问。

H 老师选择了《春暖花开》这首歌,并简单地讲解了这首歌表达的内容。H 老师在课前就给学生播放这首歌,以便让学生在记忆歌词时记住生词,也有助于营造一个良好的汉语学习氛围。

第一节课,H 老师先讲解课文,让学生熟悉其中的一部分词汇。第二节课,H 老师把打印好的歌词文本发给学生,在唱歌之前,H 老师把这首歌的大意告诉学生,同时标出重点词汇,比如一片海、云彩、风、天空等,以提醒学生在唱歌时着重记忆。首先,H 老师让学生伴着原唱音频跟唱,然后逐句地教学生唱,整首歌曲全部教完之后,再让学生一起大声地唱这首歌。学生们学完之后很开心、很有成就感,也会在平时的生活中唱自己学到的中文歌。

二、歌曲中蕴藏的中国文化

中国有悠久的历史，在历史发展中产生了很多优秀的文化，文化教学在语言教学中的地位举足轻重，很多国家不了解中国，刻板地认为中国还停留在蒙昧、落后的旧时代。这就要求汉语教师在教学过程中，结合教学内容融入一定的中国现代文化元素，让学生与时俱进地了解一个现代化的、高速发展的中国，消除其刻板印象，传播优秀的中国传统文化和当代文化。

（一）中秋节的"中秋饼"

到坦桑尼亚的第三个月，H老师所在的教学点接到一个重要任务——举办中秋节活动；届时，孔子学院校本部会带国内电视台前来采访。接到任务后，H老师和同事们立即着手安排学生排练节目，活动当天，H老师和同事们用红色的布做背景，布上贴了个"月亮"，月亮旁边有"中秋"两个大字，还准备了很多的中国特色美食，孔子学院也带来了月饼，活动过程中，学生和老师可以随时分享美食。

活动结束后，有学生问H老师："老师，月饼甜甜的，很好吃，但是为什么它叫'月饼'，不叫'中秋饼'呢？不是过中秋节吗？"知道了学生的困惑后，H老师就决定在课上给学生讲讲与中秋节相关的文化知识。

学生之所以会认为中秋节吃的饼应该叫"中秋饼"，是因为学生不了解中国文化，直觉地认为，在中秋节吃的饼就应该叫"中秋饼"。上课时，H老师把歌曲《但愿人长久》(王菲演唱版)的歌词发给学生，并告诉学生这不仅是一首歌，还是一首中国古诗。在讲解了歌词和月饼的含义后，H老师让学生跟着歌曲音频一起唱，感受歌中所表达的感情。学生在学了歌曲之后，对中秋节有了更深刻的感受，明白了"月亮"所表示的真正含义,也明白了中国人在中秋节吃月饼的原因。通过学习中文歌曲,学生也了解到,具体的物象在中国表示的特殊含义,比如月亮代表思乡,菊花代表品格高洁、死亡等。语言有国界,但是音乐无国界,学生唱歌时,音调的高低起伏更容易让学生进入学习的状态,感受音乐的魅力,体会音乐传达的感情,让人产生共鸣。

(二)中国人的宗教信仰

某天晚上,H老师要承担HSK培训课程,H老师就让初中二年级的学生到办公室旁的大教室上课。下课铃声响起,但还有最后一道题没讲完,H老师决定讲完再下课。这时,有个学生突然站起来说:"老师,下课了。"一问之下,才知道,原来是学生们要在下课后去做祷告。下课后,一个学生临走前用英语问H老师:"老师,你晚上不做祷告吗?"另一个学生随即附和道:"中国人没有信仰,中国人都不做祷告。"H老师听了后忙解释:"中国倡导宗教信仰自由,但是不是所有的信仰都要做祷告的。"学生们不相信,觉得H老师在狡辩,H老师来不及仔细解释,也来不及告诉她们中国的宗教文化,学生们就离开教室去祈祷了。其实,在"宗教信仰"这个问题上,很多国家的人都有一种刻板印象——中国人没有宗教信仰。学生不了解中国,就会人云亦云,甚至以讹传讹,如果汉语教师直接在课堂上向学生解释,学生又会条件反射地认为老师在辩解。

为了让学生了解中国的信仰文化,H老师在元旦前的一节汉语课上给学生播放了一些新年歌曲,有《恭喜发财》《财神来到我家门》,并将歌词文本打印好发给学生。然后,给学生讲解中国的各种"神",比如:过年时,很多人家都要拜"财神""灶神",贴"门神"等,还要敬"财神",表达人们对新的一年的美好期许。此外,中国的传统文化中还有很多其他的神,每个神的能力都不一样。虽然中国传统的敬神、拜神方式和坦桑尼亚人的宗教仪式不一样，但都对"神"保持着相当的敬畏。而且，在中国的不同地区，也有不同的宗教信仰或神崇拜，因此中国采取宗教信仰自由的政策。音乐具有很强的感染力，学生在享受音乐的过程中，进入另一个文化氛围，拉近了学生和目的语文化的心理距离，就更容易接受这种文化。同时，相比单纯地向学生讲述中国文化，通过音乐了解到的中华文化，印象会更深，记忆的时间也会更久远。

三、歌声悠扬的汉语课堂

课堂管理是汉语课堂教学的中心环节，是顺利开展和完成教学任务的基础。良好的课堂管理能促进教学工作的顺利进行，提高学生的学习效果。反之，无序的课堂管理可能会导致学生自由散漫，课堂秩序混乱，教学效果低下。因此，汉语教师应努力提高自身的专业知识水平和教学管理能力，对自己的教学工作进行反思，不断改进教学方式。此外，良好的课堂气氛也有助于学生保持良好的心理状态，按照老师的教学节奏，达到较好的学习效果。因此，师生双方在课堂上应该保持良好的互动，创设和谐、融洽的教学氛围。

（一）总在睡觉的学生

保加利亚精神病疗法心理学家格奥尔基·洛扎诺夫（Georgi Lozanov）曾提出"暗示教学法"（也称"启发式外语教学法"）。他强调，通过暗示，开发人的身心两方面的潜力，激发高度的学习动机并创造最佳学习条件，有意识的和无意识的活动结合，让学习者在放松而注意力高度集中的心理状态下进行高效学习。当时，"暗示教学法"是将背景音乐和语言教学联系起来的。

1 月份是坦桑尼亚中学生的升学时间，H 老师教的三年级学生开始读四年级。新学期伊始,学生们上课听讲都聚精会神、精力充沛。两周过后,H 老师发现,学生在课堂上开始变得无精打采,看上去很疲惫。每当 H 老师去教室,发现学生都在睡觉,H 老师每次都要等学生们清醒之后,才能开始上课。上课时,学生也是等着老师点名叫起来回答问题才说话,课堂死气沉沉的。下课后,H 老师问学生安丽:"你们为什么都在睡觉? 是因为很累吗?"安丽回答说四年级是国考班,所以,老师布置的作业很多,她们每天只能睡四个小时,都在熬夜写作业,确实很累。

为了活跃课堂气氛,让学生上课前清醒一点,每节课上课前,H 老师都会选择播放一些动感音乐,让学生一边听音乐,一边拿出纸笔,做好课前的准备工作,有时也会让学生在课前大声唱汉语歌曲。

H 老师通过和学生沟通,让学生推荐一些她们自己喜欢的歌曲,再由 H 老师进一步从中挑选出一些动感音乐。当 H 老师进入教室,如果发现学生在睡觉,就会播放动感较强的音乐,如《中国话》《快乐崇拜》等,让学生从睡梦中醒来;如果发现学生处于昏昏沉沉的状态,就让学生拿出歌词,大声演唱之前学过的歌曲,让她们知道要上课了。听歌或唱歌能让学生快速清醒,中文歌曲也能让学生在准备上课的过程中,进入学习氛围,学生的上课状态慢慢有所改善。在课前播放动感音乐,能够刺激学生的听觉神经,就像电影中的背景音乐一样,能让剧情显得更加富有激情或抑郁低沉,进而让观众感到紧张或悲伤等。学生在听到动感的音乐时,整个人的身心状态也会随着音乐的高低起伏发生变化,刺激学生从睡眠状态进入到清醒状态。将音乐融入课堂,能够营造良好的课堂氛围,提高学生的课堂参与度。

（二）经常生病的学生

这天,是初中一年级 2 班的汉语必修课,历经为期一个学期的汉语学习,学生们有一定的基础。一年级是学校学习汉语人数最多的年级,平时上课时,学生都在教室,而今天点名时,H 老师发现有三个学生没来上课,就向学生打听:"她们三个去哪了?"学生说:"安婕(学生的名字)生病了,另外两个带她去医院了。"原来,坦桑尼亚疟疾频发,又遇上天气变化,生病的学生就更多了。过了两周,H 老师依然能发现班上总会有几个学生没来上课,学生总会说:"她们生病去医院了。"于是,H 老师就让班里参加学生会的同学告诉那几个学生:如果下节课不来上课,老师就上报给教导主任。为了能让学生喜欢上汉语课程,H 老师又决定改变单一的教学方法——让学生自愿来上课。

一年级学生的年龄较小,对未来没有明确的规划,不知道学习汉语有什么用处,学习动机不强,因此,当她们学习汉语的新鲜感过后,很容易倦怠,渐渐地产生了厌学情绪。加上多数汉语教师(志愿者)对学生的要求也不够严格,更不会像当地老师一样惩罚学生,学生们在学习上就会更加懈怠。因此,H 老师先询问班上学习成绩比较好的学生,她们说很喜欢中文歌曲,尤其是流行音乐,而且她们想知道中国的中学生喜欢听什么歌曲。此后,H 老师在课前或课后给学生播放音乐,比如《小幸运》《青春修炼手册》等。对于学生特别喜欢的歌曲,就在每周的汉语俱乐部上教她们唱,让她们上课前唱汉语歌。慢慢地,学生的学习兴趣提高了,上课早退的学生也变少了。

H 老师认为,坦桑尼亚的学生很喜欢唱歌跳舞,"投其所好"能有效地增强学生的学习兴趣,在充分了解学生的喜好以后,再将中文歌曲引入汉语课堂教学,让学生们的汉语学习不至于过于枯燥,当他们慢慢地喜欢上了汉语课程,早退的学生就少了。

(三)没有课间休息时间的坦桑尼亚学生

坦桑尼亚的学校是没有课间休息时间的,一节课接着一节课地上,不同的老师轮番"轰炸",而且,每个老师都会布置作业,因此,学生课业任务繁重。

初中二年级的汉语选修课这天,因为学生没有课间休息,所以,学生们只能两节课的中间或者上课时去卫生间。当 H 老师来到教室,就有学生说:"老师,我想去卫生间。"H 老师当即告诉学生,五分钟后必须回到教室,否则就不等你们,直接开始上课了。学生满口回答道:"是,老师。"五分钟过去了,学生没回来,于是,H 老师就只好开始上课。在 H 老师上课期间,那些学生又陆续推门进来了。每当进来一个学生,别的学生的注意力都会被吸引过去……

后来,H 老师发现,导致上述情况的原因主要是自己在制定课堂规则时,没有提前和学生约定这方面的内容,也没有让学生严格计算请假时间。对此,H 老师将音乐引入课堂管理。H 老师和学生约定"一首歌的时间",即在课前播放音乐,歌曲播完后,去卫生间的学生必须回来,不然就不能进教室。而待在教室里的学生,可以一边享受音乐,一边做好上课准备,目的是让学生在音乐的环境中慢慢地进入汉语学习的状态。由于播放的歌曲都是学生熟悉的,学生们就会跟着音乐一起唱。几节课下来,学生果然变得更加自觉了。歌曲播完之后,学生基本都到位了,就可以正式开始上课。用中文歌曲来计时,不仅能让学生明确地知道什么时间要回教室,还可以让学生在课前用欣赏音乐的方式放松心情,创造一个汉语学习的氛围,等学生回教室了,直接开始教学,学生也比较容易进入状态。

（四）午饭后经常迟到的学生

新的一周又开始了，这天中午，H老师有五年级的兴趣课，五年级的课都安排在午饭后。在历经两个多月的汉语学习后，五年级的学生对汉语有了不一样的认识：之前觉得汉语很难，现在觉得说汉语比较简单，写汉字很难。刚开始学汉语时，学生都很认真，每天都准时到，而且总会在H老师走进教室时问候道："老师，中午好。"

但是，这天，H老师到教室后，却发现很多学生没来，就让学生古丽去食堂喊那些没来上课的学生，古丽回来报告说学生们马上就到，可左等右等，这些学生在上课后半个多小时才回来。而且，接下来的两周都是这样。后来，H老师从古丽那里了解到，学生长时间上课，导致太累了。了解到学生平时的娱乐很少，学生们喜欢唱歌，于是H老师又把音乐作为调节课堂氛围、帮助学生舒缓学习压力的工具。

中学的课时一般是每节课40—45分钟，这个时长是比较适合中学生的，超过了这个时间，学生的注意力就会开始不集中，学习效率就会变差。H老师任教的女校为方便安排汉语课的时间，就将午饭后的一个半小时都安排成了汉语课。学生刚开始出于好奇心，每节课都会按时到，后来慢慢松懈下来，甚至故意迟到。对此，H老师根据学生的喜好，让学生学习中文歌曲，刚开始是在课前，花20分钟左右的时间给学生们教一些简单的歌曲，比如《遇见》《星月神话》等。几节课下来，学生学会整首歌后，H老师就让她们在课前唱歌，在课中允许她们"点歌"播放，短暂的歌曲调节后再继续上课。

几节课过后，学生上课迟到的现象有了很大改善。听、唱歌曲增强了课堂教学的趣味性，让学生能够放松身心进入一个愉快的学习过程，会更有兴趣去学汉语。音乐学理论认为，学生在唱歌或者听歌时，身心处于放松状态，烦躁不安的情绪会得到疏解，学生们在经历了短暂的休息后，就能比较放松地进入下一个学习环节。H 老师对学生态度非常温和，确保了融洽的师生关系，也减少了学生上课的畏惧心理，故意迟到的现象就得到了明显改善。

四、结语

上述中文歌曲辅助课堂教学与管理的案例证明，将中文歌曲引入课堂环节，能有效辅助教师开展课堂教学，拓展学生的语言文化知识，激起学生学习兴趣，增强学生学习动机，调节课堂气氛。一方面，音乐能够调动学生的感官，增强课堂的感染力；另一方面，学生也会因为喜欢唱歌而去了解歌曲，主动学习新知识，从而拉近与目的语文化的心理距离。汉语教师则要根据不同班级集中出现的不同问题以及上课时间的长短，确定中文歌曲在课堂中播放的时段和时长，学生学习汉语的压力较小，如果时间允许，完全可以在课堂上教学生学习歌曲，增强学生的学习兴趣。

总之，教师要根据自己面临的教学情况，合理地运用中文歌曲教学法，争取达到效果最优化。虽然中文歌曲辅助进行课堂教学与管理还有一些不足，但目前来看，其益处和效果是显而易见的。教师在用这个方法时，应注意分析教学对象的学习现状和歌曲的适当选用，最好能够和学生多沟通，了解学生喜欢的歌曲类型，选择学生喜欢的歌曲，尽量把这个方法用得恰到好处。

将中文歌曲应用于坦桑尼亚的汉语课堂的教学与管理方面有比较显著的作用，用这个方法进行一段时间的教学后，H 老师对初中二年级的学生进行了成绩测试。通过考试成绩的前后对比，结果证明，学生的成绩有所上升，C 等级和 D 等级的学生明显减少，学生上课的精神状态、活跃度也有较大提高。

诚然，如果将这个方法应用于其他国家的汉语课堂是否有效果？学生通过唱歌的方式能否将诗词、文化内涵等记得更牢固？这些还需要更多的一线汉语教师进行更深入的研究和探讨。

案例思考题

1. 中文歌曲在课堂教学与管理中扮演着怎样的角色、有什么优缺点？

2. 中文歌曲辅助汉语课堂，具体有哪些理论基础？

3. 选取中文歌曲时，应该遵循什么原则？

案例使用说明

1. 适用范围

（1）适用对象：国际汉语教师和志愿者，汉语国际教育专业的研究生和本科生。

（2）适用课程：国际汉语课堂教学。

2. 教学目的

（1）用中文歌曲帮助学生找到汉语的音高，让学生了解汉语韵母的发音方法，纠正学生发音。

（2）拓展相关的汉语知识，让学生在轻松愉快的环境下掌握汉语知识。

（3）用中文歌曲进行课堂管理，让课堂有序进行，提高学习效率。

3.相关要点

(1)相关理论

①语言习得的相关理论

这些理论为语言教学提供理论基础,让教师知道语言教学中要注意的问题,比如语言输入的量、输入的难度等。

②心理学理论

多元智能理论和学习动机理论为教师了解学生的心理状况、了解学生提供理论支撑,让教师能根据学生的性格、年龄等运用合适的教学方法。

③音乐学理论

音乐学相关理论为中文歌曲应用于课堂教学提供理论基础,说明了中文歌曲引入课堂的合理性和必要性。

(2)关键知识点

中文歌曲;词语教学;文化教学。

(3)关键能力点

海外汉语课堂教学与管理模式创新等能力;多方举措提高学生学习兴趣、学习效率以及教学质量的能力;跨文化交际能力;利用可用的一切资源综合解决汉语教学中遇到的问题的能力。

(4)案例分析思路

通过对在海外汉语课堂教学实践中遇到的现实问题进行具体地描述,结合相关理论和学校、学生情况进行具体分析,给汉语教师尤其是新手汉语教师提供一些辅助汉语课堂教学与管理的思路,让汉语教师在课堂教学与管理方面有所参考和借鉴。

4.教学建议

(1)中文歌曲教学法应根据教学时长来确定每节课播放歌曲的长短,确定课前、课中还是课后播放,以下是集中参考方案:

①每节课 40 分钟:适合课前或课后播放,时间不宜超过 5 分钟。

②每节课 80 分钟:适合课前或课中播放,时长应控制在 10 分钟左右。

③每节课 120 分钟:适合课中播放,也可课中加课前或课后播放,课前或课后适宜听一小段,不宜安排太长时间,播放总长度应在 20 分钟以内。

(2)歌曲选择原则

①实用性原则:在选择歌曲进行教学和管理时,要本着实用性原则,选取符合人们日常交际用语的、贴近学生生活的、能让学生产生共鸣的,或选择与课文相关的歌曲。

②趣味性原则:在用中文歌曲辅助教学时,挑选的歌曲应当具备趣味性,能够提高学生的学习兴趣,吸引学生的注意力。

(3)建议:事先可以和学生沟通,询问学生喜欢的歌曲类型,根据学生的语言水平和兴趣选择歌曲,学生会学得更认真。

5.推荐阅读

[1] 邓挺.浅谈中文歌曲对对外汉语教学的辅助作用[J].文学教育,2018(11):36-37.

[2] 郭威.对外汉语新手教师中小学课堂管理案例分析[D].保定:河北大学,2019.

[3] 蒋以亮.音乐与对外汉语的语音教学[J].汉语学习,1999(3),38-41.

[4] 姚道中.试论多元智慧与汉语教学[J].世界汉语教学,2000(2),64-73.

［5］张紫奇.论音乐教学法在对外汉语教学中的运用［D］.长春:吉林外国语大学,2019.

［6］张梦笑.初级对外汉语课堂的教学管理［J］.管理观察,2018(23):103-105.

［7］周彦含.中文歌辅助对外汉语教学探究［D］.沈阳:辽宁大学,2012.

编者按

近年来,浙江师范大学国际文化与教育学院师生积极参加浙江省优秀教学案例认定工作,这本《国际汉语教学案例(一)》便是由获得省级、校级奖项的 10 个教学案例汇编而成的。

这些教学案例是根据学校的要求,结合师生的具体教学实践撰写的,案例中所有的内容都是真实发生的,来源于教学实践与文化实践,作者带着问题意识去解决疑难情境中的具体困难和具体问题,每个案例都能够反映国际汉语教学基本原理的典型性实践。

汉语国际教育硕士在教育实践过程中,会遇到各种问题或疑难情境,特别是在非洲国家以及意大利、捷克、西班牙等跨文化环境下的教学,必然面临更多的问题。这些都是新手教师或首次外派的教师可能面对也必须要应对的问题。本书收录了来自莫桑比克、坦桑尼亚、意大利、捷克等不同国家和地区汉语教学的生动案例,并邀请专家进行审核与修订。

我们将这些优秀教学案例积累汇编,形成"国际汉语教学案例"系列,并希望后期能不断更新。书中每个案例都附有思考题和案例使用说明,可以用于汉语国际教育硕士的培养和国际汉语教师的培训,用作案例课程教材或为其他课程提供参考,帮助汉语教师志愿者或公派教师尽早熟悉并适应海外的自然、社会、文化、教育环境,理解国际汉语教学原理并掌握国际汉语教学方法。

　　本书作者对案例所涉及的省份、城市、学校和人员等名称及相关数据做了必要的掩饰性处理。案例不存在知识产权争议问题。案例仅供教学之用，无意倡导或暗示某种教育理念、管理模式或操作方法比其他理念、模式、方法更科学、有效、恰当。

　　特别要感谢华东师范大学国际汉语文化学院副院长，全国教指委委员叶军教授百忙之中细读所有案例并为本书提笔作序。同时感谢业内专家徐子亮、张黎、朱勇、黄理兵4位教授仔细审阅案例并提出中肯的修改意见。另外，也要感谢各位撰写案例的师生辛勤付出，不断修改，不断完善，在写作中不断提升案例撰写水平。还有2019级汉语国际传播专业刘波同学对于本书文字的前期梳理修正，一并致谢。